風の盆おわら一代記

松永由太郎 変転の人生

中井三好【著】

彩流社

目次

1 三味線の天才少年 7
2 由太郎と東京相撲 12
3 名作『一本刀土表入』のモデル 15
4 遊女「おたか」と長谷川伸 25
5 土方から植木職人見習 34
6 ふるさと八尾へ 40

7 博徒 44

8 関東大震災 52

8 樺太 56

10 国鉄高山本線開通 61

11 待望の長女誕生 63

12 疎開、そして終戦 65

13 風流な博徒 69

14 平沢《ひらさわ》集落での大喧嘩 74

15 風祭《かざまつり》 84

16 足を洗った由太郎 93

17　おわら節一筋　101
18　才女、松永昭子　110
19　八尾町と富山県立八尾高等学校　113
20　富山県立八尾高等学校講師　124
21　最後の三味線　133
22　野辺の送りのおわら節　137

取材協力者　141
参考文献　141
あとがき　143

1　三味線の天才少年

ＪＲ高山本線越中八尾《えっちゅうやつお》駅で下車して、「おわら風の盆」で有名な坂の町八尾《やつお》の街並みの通りをのぼっていくと、城ケ山《じょうがやま》の麓にあたるところに、諏訪町《すわまち》という町がある。その入り口に丈が一メートル五十センチばかりの道標が立っている。道標の表に、

日本の道百選
町道諏訪町本通り線
昭和六十一年八月十日

と、彫ってあり、その道標の右側の面には野口雨情が作った、「おわら節」の歌詞が彫ってある。

わたしゃ野山の兎じゃないが
　月夜月夜に　オワラ　逢いに来る

この日本の道百選に選ばれた諏訪町通りのほぼ中央に、今は亡き三味線の師匠、松永由《まつながよし》太郎《たろう》が住んでいた家がある。

松永由太郎は、明治二十三年生まれで、子供の頃から家業の桶作りをしていた。一方、音曲の才能は町中で評判が高く、十二歳の頃は既に町一番のおわら節の三味線弾きとして、子供の体で、身の丈のような大きな三味線の棹に走らせる左手の滑らかさ、右手の大きな撥《ばち》さばきの見事さ、子供なるがゆえに、可愛さが加わって、風の盆には人々の話題に上らないことはなかった。

このおわら節の申し子のような少年であった松永由太郎の家といえば、貧困のどん底であった。諏訪町は十年の間に二度の大火に遭って、その度に家が全焼していた。明治二十三年の大火、明治三十三年の大火である。十年の間に二度も家を建てなければならなかったのである。松永由太郎の家は、しっかりとした家を建てる力はなく、一間しかない仮小屋住まいを余儀なくされた。桶屋の仕事場は食事時は食事場となり、夜になれば、家族皆の寝床ともなった。また、手桶など町の人が買いに来る為の作りおいた商品を陳列して置く所でもあった。材料の長い唐竹は束になって仮小屋をはみ出て、背戸《せど》へ山鳥のしだれ尾のように小屋の何倍もの長さで突き出ていた。

桶の材料である柾目《まさめ》の立山杉は、桶の丈のころ切りを買溜めしてよく枯らして置かねばならないし、桶の輪にする唐竹は常に新しい青竹でなければならない。これらは絶やすことなく用意しておかなければならないので、この材料の費用の工面が大変であった。

八尾の町の家並みは沢山の家が互いの家を支え合うように建ち、一般の家の間口が三間と狭く、奥行きが二十間余もあるという、鰻の寝床のような家となっている。それ故、町の通りは賑わしくはなるが、いったん火事になると、どこかの家を壊して空間を作らないと消しようがないということで、火の用心は最大の注意事である。

八尾の旧町の家々の前に側溝のようなものがあるが、一般の町の側溝と違って、これは町の下をながれる井田川の支流、野積川《のづみがわ》上流から取水した清水のような清らかな水が、豊富に四六時中流れている防火用水なのである。これは明治三十年に大火から町を守るために、町の上の桐山《きりやま》という山の奥に流れている野積川から、防火用の水を取水しようという大事業が町議会に上程された。やがて、町民の無償の労力提供もあって、隧道《ずいどう》工事は短期間で見事に完成し、清水は溢れんばかりに全町の家並の前の両側を隈無く流れ出した。この防火用水路を「えんなか」と呼んで、現在に至っている。

この町民の尊い無償の精神が成し遂げた防火用水路は、古代ローマの上水道にも、京都の琵琶湖疏水にも、その尊さにおいても、事業の意義においても劣るものではない。現在は八尾町《やつおまち》に上水道施設が完備し、それによって消火栓も完備したとは言え、この「えんなか」は町の人々の意志を伝える大切な歴史的遺跡として、永遠に後世に残さなければならないものなのである。

「えんなか」は、冬は雪深い八尾町の屋根雪流しとしても使われている。また、「風の盆」の時は「えんなか」をさらさらと流れる水の音が、おわら節の三味線や胡弓《こきゅう》や太鼓、それに踊り手の手拍子の音に調和して、自然の深い旋律を作り出してくれるのである。さらに、宵が更けるにしたがって家々の雪洞の明かりが、この「えんなか」の水をきらきらと映し出して、町通り全体に「えんなか」の清水の香りと音ときらめきが「おわら踊り」の情趣を人々の心の中に深くとどめさせていくのである。

松永由太郎の家は桶屋をしていた。由太郎も早くから桶造りの技術を身に付けていた。

「風が吹けば桶屋が儲かる」という言葉があるが、由太郎はこの言葉を最も嫌っていた。由太郎にとってこの「風」は、めらめらと一町《ひとまち》を燃やし尽くした、あの恐ろしい「炎」という言葉と同義語であったのである。

桶屋は地味な職業であった。各家では必要以上の桶を注文するわけでもないので、桶造りの職人技の見せどころはあっても、桶一筋で町で食べていくことは大変なことであった。町の中の注文よりも、近郷近在の農家の家を道具を持って歩き、注文を聞いて、その家の広間を借りて仕事場として桶を作って歩く方が多かった。大きな農家では、三年に一回の割合で仕事があった。漬物桶や味噌桶は塩を含むので長持ちし、十年に一度ぐらいであるが、風呂桶や水屋で使う桶は三年に一回は、修理か新調しなければならなかった。風呂桶というのは、人が湯につかるために入る桶で、普段は桶の腐食を防ぐために横にしておき、使うときはそれを起こして湯を沸かすのである。よって、風呂の湯を沸かすことを「風呂を立てる」というのである。風呂桶とは東京の湯舟のことである。

桶屋が農家をまわる時は、農閑期にまわるので、一年を通して仕事があるということがなかったのである。松永の家は仕事の合間には、日雇いの土方に出ているという生活であった。冬は屋根雪下ろしの人夫をしたりもした。

2　由太郎と東京相撲

富山県出身の東京相撲の大関梅ケ谷藤太郎（二代目）が明治三十六年六月に常陸山とそろって横綱に昇進した。明治三十七年夏、横綱梅ケ谷は郷里の富山県中新川郡西水橋町《なかにいかわぐんにしみずはしまち》へ錦を飾って巡業に来た。水橋川の河川敷（現、藤木芳郎宅裏）で幟《のぼり》数十本が立つという大相撲ならではの盛大なものであったと、当時少年であった水橋の護摩堂七之助が伝えている。

この横綱梅ケ谷一行が郷里の水橋町へ来るという話は、富山県中の相撲好きの最大事となり、横綱梅ケ谷を一目見ようと、特に花相撲（草相撲）の連中がこぞって馳せ参じた。

松永由太郎は十五歳の少年であった。由太郎は五尺二寸（約一五八センチ）足らずの背丈ではあったが、運動神経は人並みはずれてすばらしかった。たまに、町の中でとんぼを切って周りの者を驚かせたりもした。花相撲でははるかに体の大きい青年に伍して相撲をとっていた。彼の頭は石頭と言われる位に頭突きが強く、頭で当たって相手が一瞬止まった時、彼は機敏に相手を自分の体勢に持ち込むのである。勝機と見た時の技の仕掛ける早さは天才的であったという。

その当時、現在のようなJR高山《たかやま》本線ではなく、由太郎は花相撲の仲間と連れ立って、一番鶏の声を聞いて諏訪町を発ち、婦負郡熊野村《ねいぐんくまのむら》大字添島（現、婦中町）までの三里の道を歩いて、添島から神通川《じんづうがわ》を舟で下って富山駅に着き、そこから水橋まで汽車で行った。

この時も、巡業につきものの素人との余興相撲が行われた。少年由太郎は観客の声援を受けて、土俵に上がった。相手は三段目であった。由太郎が晩年、息子の弘に語って聞かせていた。

「相手は大男で、一番は相手が胸を出して、おら（自分）に花を持たせてくれた。ところが、二番の時は相手が素人を土俵の真中で転がして、さすが大相撲と観客を喜ばせるのがお決まりの大相撲であるが、おらが相手を土俵の真中で転がしてしまった。『やったあ、由太郎』『坊や、でかしたあ』とやんやの喝采が上がった。本当は二番でおらの出番は終わるのであるが、大男の三段目が真っ青になって、もう一番とおらに言った。相撲が好きでたまらないおらに断わる理由がない。ところが、またもおらは相手を土俵の真中に転がしてしまった。相手は大男の三段目だよ。この時、おらは背丈は小さいが、東京相撲でやって行けると思った。東京相撲に入門したくて、おらは横綱梅ケ谷一行が東京へ帰る後を追うような気持で、汽車賃を貯めて、次の年の夏、横綱梅ケ谷のいる両国松坂町の雷《いかずち》部屋へいった。

八尾町は相撲の好きなところで、城ケ山《じょうがやま》に明治三十五年、相撲場を開いている。この時の土俵開きに東京相撲の大関中ノ戸直次郎、行司木村市治が来ている。後に横綱梅ケ谷藤太郎（二代目）にこの相撲場を記念して、八尾町の有志が「記念角觝《かくてい》　梅ケ谷藤太郎書」と揮毫してもらっている。その記念碑が今も城ケ山山頂に立っている。この書体に、横綱常陸山と「梅・常陸時代」という相撲史上空前の黄金時代を築いた相撲界きっての人格者と言われた梅ケ谷の驕らない姿がしのばれる。

この後、横綱太刀山、希代の名横綱双葉山がこの相撲場で巡業大相撲を取るのであるが、これらはすべて、後の松永由太郎の世話によるものである。

しかし、この記念すべき相撲場も、昭和四十年に場所が狭いということで、テニスコートとなり、相撲場は八尾町福島上野《ふくじまうわの》にある八尾町立八尾中学校のグランドへと移った。

3　名作『一本刀土俵入』のモデル

松永由太郎が娘の昭子と息子の弘に、

「長谷川伸さんの『一本刀土表入』に出て来るお蔦という遊女は、おらが東京で事あるごとに世話になった品川の沢岡楼のおたかという人がモデルだよ。あの芝居の通りのいい人だよ。おらと長谷川伸さんは一度も会っていないが、ともにおたかを通じて知っていた間柄だよ。長谷川伸さんの書いたものは、『一本刀土表入』は勿論そうだが、『瞼の母』にしても『荒木又右衛門』にしても、みんな人間を応援している。長谷川伸さんのような人を人格者というんだろうなあ。お前達もああいう立派な方の本を読みなさい」

と、語っていた。

こんなすごいことを松永由太郎の息子の弘が、語り出したのが、由太郎もこの世を去り、弘が最も信頼していた姉昭子も父の後を追うように亡くなってからの事であった。

松永由太郎と『一本刀土表入』のお蔦のモデルである東京品川宿の沢岡楼の遊女「おたか」との出会い、さらに松永由太郎が駒形茂兵衛のモデルとなるまでのいきさつは、次のようである。

明治二十三年、三十三年の八尾町諏訪町大火によって、仮小屋生活をしていなければならなくなった松永由太郎は、少しでも自分の食い扶持を減らしたい一心で、自分に相撲の道があるならばと、横綱梅ケ谷が水橋町へ巡業に来た次の年の明治三十七年の夏、わずかに貯めた金を持って、草鞋《わらじ》履きで添島まで歩き、舟で神通川を下って、富山駅から汽車で東京の上野駅へと一日半かかって着いた。

ほとんど寝ずの状態で、横綱梅ケ谷のいる東京両国松坂町の雷《いかずち》部屋へ行ったが、雷部屋は既に品川の宿場へ巡業に出た後であった。東京までの汽車賃をどうにか用意してきたのであるが、残っている金は、一銭でも使ってはならない大切な金、由太郎は雷親方に会うために、品川まで歩いていった。

雷部屋の力士たちは、富山での巡業大相撲の時、この若い小さな男が三段目と相撲を取って、三番続けて勝って大相撲の面子をつぶした男であるとして、親方に会わせるどこ

ろか、徹底的に追い出しにかかった。由太郎はせめて知っている名前でも呼べばと、

「横綱梅ケ谷様あ。お願いでございますちゃ」

「横綱梅ケ谷様あ。お願いでございますちゃ」

と、何度も叫ぶが、横綱梅ケ谷は富山の郷土出身力士とはいえ、ここでは雲の上の人であった。一番奥の部屋にいて由太郎の声は届かなかった。

雷部屋の若い者は、犬を追うように青竹を持って追い払った。しつこく「ちびなんかに相撲はとれん。帰れ帰れ」と、青竹をバンバン地面に叩きつけて、どこまでも追ってきた。

「もう、おやめ。よってたかって」

急に上から声が掛かった。

家の二階の中連敷居《ちゅうれんしきい》に腰掛けていた女の人が、どすの利いた声で雷部屋の若い相撲取り達をしかった。

よい時に助け船が出て、相撲取り達は帰った。この相撲の世界の理不尽は由太郎には理解できなかった。ああ、こんなことになるのなら、あの時負けておくべきだったと悔やまれた。

追われる由太郎を助けたのが沢岡楼の遊女「おたか」であった。おたかは昼間は二階の中連敷居に腰掛けて、下を通る子供に話しかけるのを楽しみにしている遊女で、昼間、沢岡楼の下を通る者は、二階の中連敷居に腰掛けているおたかと一言二言話をかわすのを楽しみにしていた。おたかの大きな丸い尻を半分見せて二階の中連敷居に腰掛けた姿は、この遊廓の粋な風景となっていた。おたかはこの界隈の子供たちにも人気者であった。

この遊女おたかが二階から由太郎に話しかけ、由太郎が事の子細を下の道で言うと、

「上がっておいで」

と手招きして、おたか自身が下の玄関まで下りてきて、由太郎の手を引くようなしぐさで、二階のおたかの部屋へ入れてくれた。

「腹減っているんだろ」

と言って、飯を用意してくれた。由太郎が飯をもらった後、礼を言って帰ろうとすると、

「まあ、都々逸《どどいつ》でも一つ聞いてみな」

と、言って三味線を爪弾きながら都々逸を唄った。遊女の都々逸と言えば、殿方を喜ばせる破礼《ばれ》句がほとんどであるが、今は真面目な少年への声援の唄である。

弱いようでも　心の意気地
　石さえもたげる　霜ばしら
花も紅葉も　散ってののちに
　松のみさおが　よく知れる

また、短い小唄も唄った。

　野暮な屋敷の大小捨てて　腰も身軽な町住　よいよいよいよいやさ

由太郎は三味線の音のさわやかさに聞き入っていた。唄声もしっとりとしてよかった。

「あんた、泊まるところがないんだろ」

「これからどこへどう行けばよいか、わからん」

「こんな所でよかったら、泊まっていき、よく寝てあした考えな」

と、言って沢岡楼の蒲団部屋に寝る計らいをしてくた。

おたかは日の暮れるまで何くれと由太郎の相撲志願について聞いた。由太郎は富山の八尾の家は二度も焼けて、今は桶屋の仕事場と寝るところが一緒になった仮小屋の家しかない。桶屋の仕事もそんなにないし、口減らしのつもりで、食うために相撲取りになりたかった。などと、富山の水橋町での相撲梅ケ谷の巡業大相撲の時のはなしなどをした。

「そうね、あんたは相撲の才能はあるかもしれないが、雷部屋の相撲取り達の言う通り、相撲で出世する為には、もう少し体が欲しいね。どしっとした重さがないと直ぐにくたびれてしまうよ。あんたが五尺七寸あったら、どれだけ巡業先で大相撲の面子をつぶしていたところで、青竹の追い出しはしないよ。部屋の金づるになるんだから」

と、暗に諦めて別な道を探しなさいと言った。

小兵力士で横綱をはった例として、江戸時代の文政から天保年間にかけて活躍した陸前国階上村（現、宮城県気仙沼市）出身の秀の山雷五郎がいる。秀の山は身丈《みのたけ》五尺四寸余（一六四センチ）しかなく、歴史上においても希な例である。

おたかの母親のような優しさに出会った由太郎は、心も落ち着いて、自分も三味線が少し弾けるといった。

「どんなのが弾ける」

「八尾のおわら節が弾けます」

「八尾のおわら節というのは、鹿児島小原節と似ているのかい」

「まったく違いますちゃ」

「それでは一つ弾いて見てくれないかい」

「おねいさんの三味線にさわってもよいですけ」

「ああいいよ、あまりいい音はでないよ」

「撥《ばち》もお願いしますちゃ」

「ああいいよ」

撥は象牙のどっしりとしたものであった。由太郎が家に持っている撥は桜であった。ほんの数日前まで八尾で弾いていた三味線ではあるが、長い長い間、三味線から離れていたような感覚であった。門前払いをくった相撲への口惜しさを三味線が救った。三味線の棹の凜とした姿、指の腹に食い込む糸の張りの快さ、胴皮のまぶしい白さ、象牙の撥の快い重さ、三味線への懐かしみが改めて胸に迫ってきて、三味線を抱き締めたいような心地になった。由太郎は込み上げて来る懐かしさの感情を抑えながら、糸捲で三本の糸を調節して、小声でおわら節を口ずさみながら弾き始めた。

（前囃子《はやし》）
唄われよ　わしゃはやす
（本　歌）
おらっちゃ小さい時ァ　菜種《なたね》の花よ
（中囃子）
きたさのさ　どっこいしょのしょ
（本　歌）
さかりすぎれば　オワラ　ちらばらと
（後囃子）
越中で立山《たてやま》　加賀では白山《はくさん》
駿河の富士山　三国一だよ

滑らかに棹を走る左手の、しっかりと勘所の糸を捉えた繊細な動きと、右手の撥の優しい響き、まして、何よりも背筋を決めたその姿に、おたかは感嘆し、わずか歌詞一曲分であったが、その才能を見てとった。

「いい筋をしているね。この弾き方を何というのかね」

「探り弾きと言って、おわらの町流しが生んだ独特の弾き方ですちゃ。弦を押しつけ撫でるように弾き、一般の三味線の叩き撥よりも難しいと言われています。普段は探り弾きといわんと色を入れるといいますちゃ」

「うーん、なるほどね」

「おわら節は三味線のほかに胡弓、小太鼓がはいりますちゃ」

「ほかの鳴物をも生かす弾き方になっているのね」

「こんな田舎三味線をよう聞いて下さってうれしいです」

「いいえ、三味線は玄人はだしだよ。おわら節はいい唄だね。教えておくれ」

　由太郎は、おたかに三味線の探り弾きと、

　　おらっちゃ小さい時ァ　菜種の花よ
　　　さかりすぎれば　オワラ　ちらばらと

の、おわらの唄を何度も何度も唄って教えた。さすがは遊女である。見事におわら節を修得した。

また、由太郎はおたかから都々逸を教わった。おたかに教わった都々逸は、多感な少年期の由太郎の心にしみいり、生涯の大切なこころの唄となるのである。

現在、正調おわら節の唄の名人である八尾町上新町《かみしんまち》の伯育男《はくいくお》は、

「松永のおじいちゃんは、一人でいるときは、三味線を爪弾きながら都々逸を唄っていた」

と、言っている。雷部屋の相撲取り達に追い出された後、おたかの優しい心に出会ったことと、一杯の飯の有難さは、由太郎にとって終生忘れてはならないことなのである。

4　遊女「おたか」と長谷川伸

松永由太郎が東京相撲の雷部屋の門さえも入れてもらえなかったことによって、沢岡楼の遊女屋のおたかと出会い、いろいろと面倒をみてもらう事になるのであるが、この由太郎の相撲志願事件の以前に、長谷川伸がまだ八、九歳の頃、出前持ちをしていて、この沢岡楼のおたかと、毎日親しく話を交わしていたのである。

長谷川伸の半自叙伝『ある市井の徒』『新コ半代記』の各本に『一本刀土表入』の創作にかかわることが詳細に書いてある。

長谷川伸の本名は長谷川伸二郎で、横浜市大田日之出町に生まれ、家が貧乏であったので、横浜市吉田尋常科を中退して、八歳の時に品川の二日五日市村の妓夫《ぎふ》の家に世話になり、同陣屋横町の台屋《だいや》「魚角」（何代か後に「魚覚」と屋号を変える）の出前持ちとなって、沢岡楼などへ丼物の「蛤あさりの深川飯」などを運んでいた。この時の沢岡楼の二階で大きな丸い尻を半分見せながら中連敷居に腰掛けて子供の自分に話しかける様子を、ほとんど『一本刀土表入』のお蔦と駒形茂兵衛の話のやり取りの雰囲気に使ったと書いている。お蔦は沢岡楼の遊女おたかで、おたかは越後生まれであると書いてある。

長谷川伸二郎はその後、賃金のいい横浜船渠《せんきょ》（ドック）の現場小僧となり、カンカン虫（舟の錆び落とし）や土方などをしながら横浜の夜間学校に通って勉強をする。優秀であった長谷川は横浜のジャパンガゼット社の記者となり、その後、二十歳で千葉県の習志野歩兵連隊に入営、二年で除隊して、元の記者に戻り、二十五歳で横浜の毎朝新聞社の記者となった。

明治四十四年、二十七歳の時、東京の都新聞の社会部の記者となり、山野芋作という筆名で都新聞に作品を書き始める。この頃、彼は話題を求めて品川の沢岡楼のおたかと再会し、相撲志願の松永由太郎の事を聞いていると考えられる。松永由太郎も後に何度もおたかに会うのであるが、そのおたかから長谷川伸二郎という都新聞の記者が、ある時は山野芋作、ある時は長谷川芋生の筆名で小説を書いていて、おたかに会う度に、

「心にしみる話がないかね」

と、尋ねたとおたかが松永由太郎に話している。

もっとも遊女ほどいろんな男の生きざまを見ているものはいないだろうから、長谷川伸二郎こと山野芋作にとって、遊女としての自分の身を隠すことなく二階からいつも下の通行人に声を掛けるのを楽しみにしているおたかは、貴重な語り部だったのである。

長谷川伸二郎も松永由太郎と同じく、おたかに都々逸を教わり『都新聞』の都々逸欄編集を担当していた。その欄には自らの作品も長谷川芋生の筆名で入れている。


力強くも叶はぬものは場所の勝負と恋の闇　　芋生

この都々逸は松永由太郎を思わせるような意味も含んでいる。この二人にとって、都々逸はおたかそのものなのであった。

「一本刀土表入」を中央公論に載せたのが昭和六年、長谷川伸四十七歳の時である。

長谷川は『ある市井の徒』の中で自分の初期の『取り的五兵衛』という芝居が、後に『一本刀土表入』として完成し、駒形茂兵衛のモデルは新コ（自分）であると書いている。

自分は食う道が欲しくて力士になろうと思って、弟子入りに行ったが、そこにいた力士が体も見ずに、モノにならないと言って、六、七尺の長さの青竹を手にとって地面を叩いて追い回したと書いている。

しかし、この話には少し飛躍があり、もう一つの自叙伝『新コ半代記』では、新コ（自分）の小学校の成績は、体操を除いてみんな優秀だった。体操のどんな号令もこの児（自分）にはわからず、どう手足を動かすのか呑みこめなかった。と書いている。

晩年になって長谷川は村上元三や尾崎秀樹にお蔦のモデルは沢岡楼のおたかであると言っているが、駒形茂兵衛は完全なる架空上の人物であるとはどこにも書いていないし、村上や尾崎との会話にも曖昧さを残したままでいる。ただ何となくモデルをにおわせながら、曖昧にしているところに、言っていいかどうか迷っている心の内が覗き見える。

これには二つの深い訳が考えられる。

一つは、『一本刀土表入』が大衆文学の至宝となって六代目菊五郎、長谷川一夫、片岡千恵蔵ら天下の名優が主人公の駒形茂兵衛を演じ、股旅物《またたびもの》の最高傑作となっていった。渡世人の物語を股旅物と言ったのは長谷川伸で、これはそれまで無かった熟語で、長谷川伸の造語である。股旅の中には、貧困が運命を変え、その運命に翻弄《ほんろう》されながらも精一杯生きようとする人間の哀しいほどのけなげな努力という意味を込めているのである。このやりきれない哀しさが、長谷川伸の大衆文学の精髄《せいずい》なのである。

物語ではお蔦は常陸国取手の宿場（現、茨城県取手市）の我孫子屋の酌婦《しゃくふ》で、駒形茂兵衛は、上州勢多郡駒形（現、群馬県前橋市）の出身となっていて、誰が建てたのか前橋市の駒形に茂兵衛地蔵尊の祠があり、義人茂兵衛の立札が建っている。このことによって、前橋市の人々の心の中に義人茂兵衛が歴史上の人物で、実在したことになっているのである。前橋市の人々の心を大切にする長谷川が、村上元三や尾崎秀樹に駒形茂兵衛は完全なる架空上の人物とも、また、モデルがいるともいないとも一切語ることができなかったのかもしれない。

もう一つは、お蔦のモデルである「おたか」から聞いた松永由太郎のことについては、長谷川の涙をさそう話であったろう。松永由太郎は子供の時から火災と貧困という苦渋の中から這い上がろうとして、結局は相撲取りにもなれず、やがて運命は松永由太郎の意志とは反対に、人生の裏街道を歩かせてしまうのである。この哀しい人間の実名を明かすことは、また本人の運命を大きく変えることになりはしないかという虞《おそれ》をもったからではなかろうか。

『一本刀土表入』では、駒形茂兵衛のモデルが松永由太郎であることを暗に示すために、自叙伝『ある市井の徒』では『一本刀土表入』の取手の宿場の我孫子屋の酌婦お蔦は、品川の沢岡楼の遊女おたかで、越後生まれのおたかを越中生まれとし、おけさ甚句を小原節に変えたと書いており、力士になれなかった駒形茂兵衛にその遊女が一椀の飯を与えるところ、駒形茂兵衛の家が焼けて灰になって帰る家もないというところ、駒形茂兵衛が博徒に身を落としているが、心は人情が熱いところ、さらに、遊女お蔦が難しい越中八尾おわら節の三味線を探り弾きして唄うところ、もっともここで、松永由太郎が教えた越中八尾の方言をおたかはよく分からないまま覚えていて、それを長谷川に教えたのだろう。これは証拠として大切なところでもある。もし、長谷川がおたかに頼らずに越中八尾おわら節の資料を使ったのであれば、本歌の中で不自然な「友達や」ということばが入らないことになる。

『一本刀土表入』の中でお蔦が唄うおわら節は、

（本歌）

おらっちゃ友達や　なたね（菜種）の花よ

（中囃子）

ハア、どっこいしょのしょ

（本歌）

さかりすぎれば　オワラ　ちらばらと

この本歌の「ちゃ」は複数の意味で、自分達となる。東京の下町の方言では「おらっち」というのがあるが、これと同じである。おそらく越中方言は語尾に「ちゃ」を付けることが多いので、この「ちゃ」とおわら節の「おらっちゃ」の「ちゃ」と混同してしまったようである。そこで「友達や」という別な複数をくっつけてしまったのであろう。いずれにしも、この「ちゃ」の意味の取り違いは、由太郎が使う語尾の「ちゃ」の方言の印象をのこしたものであろう。

正しくは

（本歌）

おらっちゃ小さい時あ　菜種の花よ

さかりすぎれば　オワラ　ちらばらと

おわら節にはこの複数の「ちゃ」を使ったのがいくつもある。

（本歌）

おらっちゃ小さい時あ　田圃のぎゃわず（蛙）

人に踏まれて　オワラ　ぎゃぐぎゃぐと

また、『一本刀土表入』の最後の所でお蔦の夫辰三郎をやっつけに来た悪役の波一里儀十は草相撲の三役まで取った男であり、その儀十を博徒に身をやつした駒形茂兵衛がお蔦への恩返しに、相撲の手で突っ張ってやっつけるのである。実際松永由太郎はこの後、運命に流されるまま博徒となって関八州は勿論、樺太（現、ロシア国サハリン）までも旅から旅を続けるのである。

主人公の茂兵衛も悪役の儀十も相撲が好きでたまらないが力士になることもできず、博徒になってしまった哀しい運命を共に背負った人間なのである。

その晩、おたかの好意で、松永由太郎は沢岡楼の蒲団部屋で寝るのであるが、相撲取りになれない口惜しさとおたかという優しい人にあって、飯を食うことが出来、しかも一夜の宿が得られたうれしさで、なかなか寝付かれなかった。

夢かうつつか、耳の奥で遠いふるさと、八尾のおわら節の三味線の音が鳴り始めていた。

チッン、テン、テン、シャン………。

諏訪町の「えんなか」をまっすぐにさらさらと流れ来る清水の音までも聞こえて来た。ああ、八尾へ帰りたい。八尾へ帰りたい。しかし、相撲取りになりたいと言って出て来て、まだ三日も経たないのに恥ずかしくてどうして帰れよう。口惜しさと明日からの身過ぎの不安とで、今まで涙を出したことのない我慢強い松永由太郎の目に、止めどもなく涙が溢れ出て、いつしか枕は涙でぐっしょりと濡れていた。子供の時から泣かなかった松永は、この晩は泣いた。声を出して泣きたかった。

5　土方から植木職人見習

それでも松永由太郎は、いつしか富山からの長い旅の疲れもあって、次の朝、おたかが起こしてくれるまで寝ていた。

遅い朝飯を、おたかの部屋でもらった。

おたかは、この後どうするかと聞いたが、由太郎にはどんな過ごし方も思い着かなかった。

「ここにいても金にもならないし、そうかといってあんたの桶屋を始めるにしても、この辺りを得意先にしている桶屋もあるしね」

「桶屋には仕事場がいりますちゃ」

「そうだね。土方でもやってみるかい」

「土方をやったことはありますちゃ。体は丈夫ですちゃ」

「そうかえ、幸い近くに土方の飯場があって、そこの親方を知っているから、頼んでみようか」

「お願いしますちゃ」

「その内に、身過ぎの出来るような職を探しておくから、それまで辛抱してみな」

こうして、由太郎の旧東海道五十三次の品川宿の隣の二日五日市村《ふつかいつかいちむら》での土方の飯場暮らしが始まった。

三か月ばかり経って、沢岡楼のおたかが夕方、会いに来た。桶屋の口はないが、植木職人の見習の口があると言った。

「東京には大きなお屋敷に立派なお庭があって、植木職人はいい職と思うよ」

「お願いしますちゃ」

「住み込み見習で、寝るところの心配もいらない」

「よろしくお願いしますちゃ」

「そうかえ、それじゃあ、二、三日ここにいて、その間に、ここの親方と、植木屋の親方に話をつけるから」

二日目の夕方、おたかは話がうまくついたと言って来た。

「明日から来てくれということだよ。麻布の大きな植木屋で、親方は鈴木という人だよ」

「ご恩は忘れません」

「街の地図を書いておくから、明日一人で行きな」

「ありがとうございます」

由太郎はこの人の恩は一生忘れまいと心に誓った。

桶屋であった由太郎は、桶の輪の青竹の矯《た》めぐあいや桶の胴の木の目を読むこと、農家の屋敷林《かいにょう》を見てきての木の精気の様子も身に付けていたことと、相撲取りになるほどの力持ちで、その上、器用で身軽く、天性として備わったおわら節の三味線による芸術感は、親方の教える庭造り、植木造りの技術を見事に理解し身に付けていった。一年も経つと、松の手入れなども、松の性質を生かし、その庭に合った松の剪定をしたり、力があるので庭木をいためずに上手に植え替えして、その木なりの姿を工夫して褒められることが多くなっていった。

「この木が泣いていますから、根を育てておきましょう」

と、言って、見習の期間とは思われないような言葉で庭木に力を付けたりした。ことば遣いも富山弁が消えていっていた。植木職人の言葉で、木が精力を失っていることを「泣く」というのである。

親方にとっては、大変な才能の持ち主が入ってきた喜びであった。これはもしかしたら後世に名を残すような立派な庭師になるかも知れないと思うようになった。三年目にもなると、名家では、親方が来れない時は、松永で良いとさえ言って来るようになった。

こうなると、名家では由太郎に「おひねり」を出したりして、兄弟子たちよりも表向きの小遣いは少ないが、由太郎の「おひねり」は小遣いを上回ることとさえもあった。

由太郎が名家からの指名回数が増えることは、同じ住み込み職人の序列を飛び越えることであり、三人の兄弟子たちの勘に触るものであった。由太郎が相撲取りになり損なったことを聞いていた兄弟子たちは、今までの「ヨシ」から「ナリソコナイ」と呼ぶようになった。三人の兄弟子の申し合わせた「いじめ」の始まりであった。

由太郎をかばう弟子が一人もいない三人がかりの「いじめ」は、日増しに激しさを加え、親方のいないところでは、剪定鋏《せんていばさみ》の刃がめためたに欠かされていたり、砥石《といし》に深い筋が入っていたり、竹の三脚の止め金が緩んでいたり、それは陰湿というよりも、徹底した攻撃であった。一度は一丈の丈の大三脚が折れて、由太郎の機敏な身のこなしがなかったならば、骨折したであろうと思われた。もし、腹に据えかねて由太郎が本当に喧嘩すれば、力といい、身軽さといい、機敏さといい、どこから見ても、三人の兄弟子は由太郎の敵ではない。おそらく一瞬のうちに由太郎は勝負を決めるだろうが、由太郎は暴力は嫌いであった。憧れた大東京は、乗り物や建物や服装や、それに東京言葉、さらに外国の文化のきらめくところではあったが、雷部屋の相撲取りたちの仕打ち、今、また兄弟子たちのこのいじめと、底辺には汚い心の人間がうごめいてもいたのである。

由太郎は、じっといじめに耐えていた秋の初めのある休みの日、独りで品川の沢岡楼の遊女おたかに会いに行った。おたかは喜んで迎えてくれた。

二人の楽しい再会ではあったが、由太郎のいじめにあっている暗い話は、おたかの心配の種になった。

「あんたが頑張れば頑張るほど、世の中があんたをはじき出そうとするのね」

「おらにも我慢の限度があります。喧嘩して親方に迷惑を掛けることは出来ないです」

「辞めるというのかえ」

「石の上にも三年というが、もう限界です。負けて逃げるようだけど、仕方ないです」

「何か考えがあるのかえ」

「桶屋も駄目だとすると、あと思い着いたのが一つあります。八尾は蚕《かいこ》の盛んなところで、八尾の乾繭場《かんけんじょう》で乾燥した繭は、信州の岡谷《おかや》へ運ばれて糸になります。岡谷の製糸工場では男の仕事もあると聞いています。八尾からも行って働いている男もいます。そこへ行って雇ってもらおうと思ったりしています」

「それがいいかも知れないね。信州までの旅費があるかえ」

「十分に金は貯めています」

こうして、松永由太郎は信州の岡谷の製糸工場へ職を求めて旅だった。岡谷の製糸工場での仕事の内容は検番《けんばん》であった。検番というのは、糸を巻き取る機械などを見回って歩いて、機械の掃除をしたり、油を指したり、故障が出れば修理したりする仕事である。機械が動いている中での仕事が多く、大変緊張する仕事であった。

明治四十三年三月、岡谷へ来て二年目の時、ここでまた、由太郎の器用さが禍を招いたのである。歯車の噛み合わせ具合の調整の時、機械を止めてすればよかったのであるが、回転させたままで行い、重い歯車に左手を挟んでしまったのである。あっという間の出来事であった。由太郎の左手の親指が一瞬に切れて飛び、人差し指の外側の筋が全て切れ、骨が割れ、人差し指は内にねじれて曲がってしまた。中指の骨も割れ、筋も何本か切れ、人差し指ほどではないがねじれてしまった。

左手が使えなくなった由太郎は、やむなく岡谷の製糸工場を辞めなければならなかった。

6　ふるさと八尾へ

松永由太郎は世話になった沢岡楼の遊女おたかの顔が見たくて会いに行った。紐で左手を吊っての痛々しい由太郎の姿におたかは驚き、そして不運を悲しんだ。

由太郎は完全に治るまで、八尾で養生すると言って、かつて植木職人見習の時着ていた仕事着や岡谷での仕事着を詰めた柳行李を担いで、その日のうちに東京を発った。どうせ八尾へ帰るのならば信州から直接帰ることが出来る汽車はあったのだが、おたかは由太郎の心の支えであった。どうしてもおたかに会ってから八尾へ帰りたかったのである。

ふるさと八尾の諏訪町に戻った由太郎は、細々と桶屋をして頑張っている両親の姿に、ただふがいない自分が申し訳なかった。親は親で、相撲取りになりたいと言って東京の雷部屋へ行ったが相撲取りにもなれず、左手が使えない大きな怪我をして帰ってきた息子を叱咤《しった》するどころか、一生懸命に頑張っている姿を見て涙の出る思いであった。貧乏という哀しい運命を、試練のように受け止めて頑張っている息子がいとおしかった。

由太郎は、手が完全に治ったらまた働きに出るつもりだが、それまでの食い扶持にと、信州の製糸工場で少し貯めた金を母に渡した。動かせる右の手を使って、出来るだけ桶屋の仕事を手伝った。

その年の風の盆は、由太郎にとって今まで以上に待ち望んだ風の盆となった。左手を振っても指先に痛みを感じないまでに傷跡が癒えて来ていた。由太郎は温習会《おんしゅうかい》に欠かさず出た。三味線も左手の薬指と小指の二本で弾く為の努力を欠かさなかった。蝸牛《カタツムリ》のように内側にくるりと曲がってしまった人差し指はどうにもならなかったが、ねじれた中指は、糸を捕らえることが出来るようになるのではないかと、動かす訓練を怠らなかった。

後に人は、松永由太郎はやくざの縄張り争いで人をあやめて、左手の親指と人差し指の二本を詰めたのだと、まことしやかに言いふらしているが、それはまったくのつくり話で、人差し指は筋が切れて内側にねじれて、蝸牛のように曲がっているが、指は切れてはいない。三味線の竿を持っているとき遠目ではそのように見えるのである。

晩年の松永由太郎は生涯の仕事として、三味線は勿論、おわら節全体の師匠として、全身全霊を打ちこんでいくわけであるが、そのおわら節の愛弟子のひとりで唄の師匠である上新町《かみしんまち》の伯育男《はくいくお》は、由太郎の指は岡谷の製糸工場での検番の事故によるものである。由太郎は人をあやめるような恐ろしい性格を持ち合わせてはいない。実におとなしい人であると、言っている。

風の盆の本番で三味線を弾くまでにはまだ程遠い音色であった。由太郎は指は駄目だが、腕そのものは大丈夫であり、腕を振っても指の痛みが無くなってきたことを幸いに、この年の風の盆は、手踊りで参加しようと決め、手踊りの練習を始めた。

由太郎の芸への執着と才能がここで、新しい男踊りを創作させた。今までのものは、手踊りの名のごとく手の踊りであって、豊作を祈る農作業の力強さに欠けるのではないか。呼び名は手踊りでも、天への動き、地への踏み締め、四方への躍動がほしい。風の神の荒ぶる心を鎮め、楽しませ、近郊近在が五穀豊穣《ごこくほうじょう》に、町の商いを盛んに、そして火災の起こらない静かな町にしてもらうための楽しい踊りにしたい。

新しい男踊りを創作してみたいという由太郎の情熱は、貧困のどん底から這い上がろうとする由太郎自身の切なる願いから出たものであった。

明治四十三年八朔の風の盆に、由太郎は諏訪町の通りで、今までの浴衣に草履《ぞうり》履きの踊りではなく、印《しるし》ばんてん、股引き、腹掛け、黒足袋の植木職人の仕事着で、天と地と四方への広がりを持った力強い男踊りを披露した。この衣装は仕事着であると共に、由太郎にとっては、東京で見た江戸火消しの装束でもあったのである。

たった一人で踊ったが、周りを圧倒し、人々を感嘆させた。その踊りはまたたく間に各町の踊り場に伝わり、三日目の晩は踊りの指導者たちが、由太郎の踊りを見よう、習おうとやって来て、踊り明かした。

由太郎は踊り過ぎて、まだ充分には癒えていない指が疲労で熱を持って、数日間休養しなければならなかった。

翌年の明治四十四年、北陸タイムス社一千号発刊祝賀会があり、松永由太郎のおわら踊りを推薦する人があって、由太郎が招待され、たった一人でおわら節の男踊りを披露した。浴衣がけの一般の盆踊りしか知らない祝賀会の参列者は、まず衣装そのものに驚き、踊りの大きさ切れのよさに感嘆した。その姿は実に新鮮に垢抜けした芸として満場を魅了した。

これを機会に、松永由太郎、江尻せきたちによって、さらに工夫を加えて豊年踊りとしての新おわらが考案された。豊年には稲作、畑作、蚕種《さんしゅ》、養蚕《ようさん》、山林などの作業仕種や不《ふ》吹堂《かんど》の神体である風神《ふうじん》への祈りが折り込まれた。

7 博徒

松永由太郎にとって、いつも頭から離れないことは、家族皆が食べて行けるかどうかということであった。おわらに対する愛着は人一倍強いが、おわらでは飯が食えない。桶屋の仕事も自分が手伝ったところで、人家が増えない以上、桶がそう売れるものではない。口減らしにやっぱり東京へ行こう。何か合う職があるかも知れない。

明治四十五年の春、由太郎は東京品川の沢岡楼のおたかに相談に行った。

おたかは由太郎の手の指が治ったことをよろこんで、そのくらいだったらいくらでもいい職があるよと励ました。右手は充分使えるから、再び、植木の職人という道もあったが、自分を徹底していじめたあの兄弟子たちが植木職人の世界にいると思うと、その職には就きたくなかった。おたかも由太郎の心を理解して、植木職人を勧めなかった。

「またいつかのように、品川のあの飯場で寝泊まりして土方でもしていておくれ。その内に探しておいてあげる」

と、おたかが言った。由太郎にとってこのおたかの言葉はうれしかった。由太郎はこの遠い東京の地で、おたかという心の温かい人と出会っていたことを、今更ながらうれしかった。

周りの人は昼間から沢岡楼のおたかの所へ通う由太郎を、好奇な目で見ていたであろうが、由太郎にとっておたかは恩人であり、もう一人の母なのである。

今度は由太郎一人で飯場へ行って、親方に頼んだ。人夫の出入りの激しい土方のせいもあろうが、親方は快くその晩から泊まって明日から働いてくれと言った。これもまたうれしいことだった。

この土方の人夫頭の磯島が関東一の博徒、K一家の者であったのである。K一家は遠州の清水次郎長の血を引く者といわれていた。そのことを知る由もない由太郎は以前のように、土方をして飯場で寝起きしていた。

ある夜、由太郎が寝ているとなりの部屋で、「それ！」「おう！」という声がしてきた。覗いて見ると、十数人集まって博奕《ばくち》を打っていた。好奇心もあって起き出て、後ろで見ていると、磯島が「おい、松永、賭けてもいいんだぜ」と、声を掛けた。

博奕は丁半であった。由太郎は磯島の声にひかれて、遊び心に三十銭を「半」にかけた。それが当たって、その晩由太郎は結局、手に七十銭残し、四十銭を儲けたのである。これが由太郎の手の汚し始めであった。わずかな金ではあったが、この四十銭の儲けによって、由太郎が博奕をおもしろく思うきっかけとなったのである。由太郎が遊び心で賭けているうちに、松永には博才があるという噂にまでつながっていった。

由太郎にとて、この土方の飯場暮らしは、職が見つかるまでの腰掛けに過ぎないのであるが、磯島は、これは使い者になると、壺の振り方まで教え始めたのである。やがて由太郎は壺振りをさせられて、壺を上げた時の釆《さい》を見た周りのどよめきと興奮は、由太郎の中に今まで隠れていた、侠気《きょうき》を芽生えさせていった。

おたかからは、職が見つかったという知らせもまだこない。ある冬の関東の空っ風の吹いている休みの日、磯島は由太郎一人を誘って世田谷までいった。博徒のK一家があるところである。K一家の親分は、磯島と由太郎を奥座敷まで入れた。

「あんたが松永由太郎か」

「はい」

「苦労しているそうだね。相撲取りになりたかったそうだね」

「体がなくて」

「指は信州の製糸工場で怪我をしたんだって」

「はっ、みんな聞いていらっしゃるんですね」

「磯島はあんたに惚れこんで、何でもしゃべっている。職も探しているそうだが、あんたは男の世界で張って行ける人間のようだ」

「自分はただの人間です」

「磯島の褒めようは大変なものだ。壺の振りも使いものになると聞いている。その内、花札の切り方も教えてやる」

「この道で暮らすんでしょうか」

「身過ぎ世過ぎは草の種というではないか。草の種ほど暮らし方があるというもんだ。この暮らし方も草の種の一つだ。それはそれとして、磯島のいう通りだと、あんたは一家を構えられる」

磯島が口を挟んだ。

「すげい、掘り出しもんであります」

「若いもんは沢山いるが、博奕の壺振りは才能だ。そんじょそこらにいるもんじゃない。

体は人一倍強い」

「自分は喧嘩は嫌いです」

「博奕打ちは喧嘩が嫌いだから、博奕打ちになったようなものだ。賭け事の好きな者同士が賭けで遊んでいるというもんだ。その場所を提供し壺を振る、また座布団一枚の上で花札を切るのが、わしらの仕事だ。だから儲かりはしないが損はせんというところかな」

Ｋ親分は穏やかで、面倒見のある話し口は、もうここにいるしか方法がないような気分にさせていった。

磯島がまた口を挟んだ。

「親分に見込まれたは、松永、おまえは幸せ者だ。なんだかんだと思わずに親分の懐に飛び込め」

これで話しが決まった。

由太郎はその晩から博徒のＫ一家の者となった。

やがて親分の下で壺振りもし、花札の切り方も習い、手早い配当計算もするようにまでその技を磨いた。壺振りは出来るだけ入れ替わり、場に新鮮味と緊張感を生み出し、射幸《しゃこう》心《しん》を煽ることが必要であった。それ故、由太郎は壺振り、花札切りとしてＫ一家の者が開く賭場へ順に回って歩くという、これまた旅から旅を壺を振って回るという渡世人《とせいにん》となった。旅は由太郎にとって宿業のようなものとなったのだ。

関八州は松永由太郎にとって、旅であり、世過ぎであり、塒《ねぐら》であった。

旅の途中、品川の沢岡楼のおたかの所へ寄った。

おたかがひとりごとのように言った。

「貧乏というものは恐ろしいものだね。いい男をみんな何処かへ連れ去っていってしまう」

「堪忍して下さい。こんな身になってしまって」

「うちから離れないでね。いつかあんたが本当に打ち込めるものがやってきますよ」

「また寄った時、会ってやって下さい」

おたかが由太郎との、ほんの一言の言葉にもやりきれない、悲しい思いがした。去っていく由太郎の後姿が、愛しくてたまらなかった。

松永由太郎が、博徒として関八州を旅していた大正二年、富山市では、関西一府八県連合共進会が開催され、演芸館も設けられ、各府県の民謡などが出演することとなった。八尾のおわら節も出演することとなり、かつて由太郎が創作した男踊りをもとに、女踊りを加えようと、踊りの振り付けを名家三遊亭圓遊の長男若柳吉造に、音曲を三代目望月太左衛門に依頼した。舞台での手踊りは、八尾町の娘たちではなく、富山市内の芸者十数人によって行われた。その踊りはその後も広く踊られるようになっていった。

時代は下ってのことであるが、昭和四年に越中八尾民謡おわら保存会が発足したのを機に、三味線や手踊りの師匠の江尻せきが「今ある踊りは、大正二年に生まれた商都八尾町から生まれたものとは言い難く、あまりにも舞台踊りであり過ぎる。おわらは、商都八尾町の発展を支える近郷近在が五穀豊穣であり、蚕がよく育ち繭が沢山とれることを願い、八尾の町を大火から守るための風神への祈りである。よって、松永由太郎が創作したおわら踊りの精神をしっかりと踏まえたものに直した方がよい」と、初代会長の川崎順二に進言したのだ。

さっそく会長の川崎順二は若柳吉三郎に改良を依頼した。これに伊藤、三尾、綿、松本らの男踊りの名手たちが呼応して、現在の五穀豊穣と養蚕業の繁栄を手踊りの中に組み入れた新おわら踊りが出来上がったのである。さらに、男女の恋の演技をも豊饒の喜びの中に組み入れて、都会的優美さと土の香りのする一連の絵巻物のような踊りが出来上がったのである。

昔からのものを、「旧おわら踊り」と言い、このおわらを「新おわら踊り」と言っている。町流しは、観光客も参加しやすく旧おわら踊りで、舞台では、新旧おり混ぜて観客を魅了させている。

8　関東大震災

大正十二年九月一日、この時、由太郎は神奈川県の小田原にいた。午前十一時、大地震が襲った。いわゆる関東大地震である。由太郎のいた賭場も壊滅した。東京は家屋の焼失によって、未曾有の多くの犠牲者を出したが、神奈川や千葉では、家屋全壊によって多くの犠牲者が出た。

くしくも九月一日は八尾の風の盆の日である。由太郎は地震に直撃されたのは風神を祀ることを忘れていた大自然に対する敬虔の無さへの鉄槌《てっつい》のように思えた。

やがて震災の爪痕が次第に消えて、町が復興の明るさを取戻し始めたとき、Ｋ一家の賭場への人の出入りがまた多くなっていった。それと同時に復興の機に乗じて賭場の新興勢力Ｍ一家が出て来て、Ｋ一家との勢力争いとなった。新興勢力のＭ一家を浮草程度にしか思っていなかったＫ一家にとって、Ｍ一家のしつこさは想像以上であった。結局Ｋ一家は乗り込んで決着を着けたのであるが、その時運悪く相手方のＭ一家に多くの怪我人が出た。Ｋ一家にも怪我人は出たが、怪我という程のものではなかった。

警察は彼らを一網打尽に捕まえたわけであるが、全てがＫ一家に不利であった。乗り込んで喧嘩を仕掛けたのはＫ一家であり、怪我を相手に負わせたのもＫ一家であるということで、Ｋ一家で素手で相手をやっつけることの出来るような者は、相撲取りのような力のある松永由太郎だけだということで、由太郎自身が「自分が最初に仕掛け、怪我をさせたのがほとんど自分であります」と申し出た。この争いの根本にあるのはあの恐ろしい大地震であり、風神を祀ることを忘れていた報いだと考え、自らが犠牲になって名乗り出た。これでどうにか大量逮捕は免れたわけではあるが、喧嘩は大した罪にもならず、由太郎はしばらく警察の豚小屋にいて釈放された。Ｋ親分は自分を守って自ら警察に名乗り出た由太郎に対する感謝の気持ちで、神田明神下に一軒の家を買ってやった。

しかし、これで事が終わったわけではない。喧嘩相手のＭ一家がこれで簡単に引き下がるわけではない。張本人は由太郎ということだから、今度は何時何処で松永由太郎という男が仕返しを受けるか分からない不気味な事態となったのである。粋な旅から旅というわけにはいかなくなった。

Ｋ親分は由太郎を部屋によんで、

「あんた一人に押し付けて、えらい苦労をかけた。申し訳ない。一つ気がかりなのは、あんたの身に危険が迫るかもしれないということだ」

「なあに、気をつけていますから大丈夫です」

「いや、Ｍ一家は警察の手前、ここしばらく静かにしているが、半年もしたらあんたを狙うかもしれん。そこで相談だが、しばらく身を隠していてくれないか」

「おっしゃる通りにします」

「三年ほど、身を隠しておいてくれぬか。その間に事は納まる」

「何処にいたらよいでしょうか」

「少し遠いが、樺太（現、ロシア領サハリン）だ。あすこにも土方の飯場がある。そこの人夫頭だ。神田明神下のあんたの家は、あんたが何時帰って来ても住めるように世話をさせておく」

樺太は日露戦争後のポーツマス条約で、北緯五十度以南が日本領となったところである。

由太郎はあまりにも遠い所なのでびっくりしたが、まあ身を隠すときはそんなもんだと納得して、親分の話に従うことにした。

「これは、旅費とわしの気持ちだ。向こうでは人夫頭としての給金は出る」

親分が重い財布をくれた。後で由太郎が見ると五百円入っていた。当時、米一石三十八円であった。

あまりの重さに、驚いて、

「こんなに頂いてよろしいんでしょうか」

「一家を救ってくれたほんの僅かのお礼だ。向こうへは、磯島が全て手配をしてくれている。あんたは体一つでいけばよい」

9　樺太

こうして、松永由太郎は樺太の大泊（現名、コルサコフ）の外れの道路整備、町並作りの土方の飯場の人夫頭となった。大泊は樺太の最南端で、樺太庁のある所である。

松永由太郎はここでは面倒見のいい人夫頭として、篤い信望を持つにいたった。ここで働く人は、ウィルタ（オロッコ）、ニクブン（ギリヤーク）、樺太アイヌの各先住民族、それに日本人、ロシア人といろんな人たちがいた。

松永由太郎の風格と人情の深さは、この多民族との付き合いの中から磨かれていったようである。

樺太という遠い所と言えど、賭場を開いているとM一家の者が嗅ぎ付けて自分をやっつけにくるかも知れないという用心深さで、賭場を一切開かなかった。それによって由太郎は二つのものを磨く事が出来た。

一つは、子供の時から愛した三味線である。信州の製糸工場で検番をしていて、三味線の竿を持つ左手の親指を無くし、人差し指が内側にくるりと曲がり、中指がねじれてしまったが、この手でもなんとか三味線を弾けるようになりたいと、毎夜、毎夜、激しいほどの練習に練習を重ねた。やがておわら節の探り弾きは勿論、都々逸、小唄、浄瑠璃と、弾けるようになり、誰もが及ばない芸術の域へと三味線の力を付けたのである。

もう一つは、松永由太郎は花札の絵柄に日本の絵画芸術の粋とも言える美しさを見出していた。ようするに、花札の絵柄の美しさに魅了されたために、暇を見つけては花札を切っては重ねて開き、切っては重ねて開いて楽しんでいた。左手の不自由はあったが、やがて、松永には花札の表の絵が見えるようだと言わせるほど、K一家きっての花札の名人となるのである。

彼は、人夫集めに北海道までも出かけた。いろんな人を手づるに、北海道の方々を回った。こうして、三年ほどという約束であったが、発展し続ける樺太の大泊での仕事は増える一方であった。責任感のある由太郎は、結局五年間も樺太で働くことになった。

由太郎が内地の東京へ帰ったとき、K親分は日本橋で盛大に慰労してくれた。その宴席で、三味線を弾いたのが初音という源氏名の芸者であった。由太郎は初音の三味線の見事さに惹かれ、生涯の伴侶はこの芸者しかいないと、心に決めた。初音は京都の祇園で舞妓をしていたことがあり、三味線といい踊りといいすばらしかった。

次の日、由太郎は品川の沢岡楼のおたかに会いに行った。おたかも長の旅の労をねぎらってくれた。由太郎は親分も事が完全に納まって、堂々と歩いてくれと、立派な宴席を設けてくれた。酒はあまり飲めないのだが、うれしさに飲み過ぎて今日は頭が重いといった。

「そうよかったね」

と、おたかは何度も由太郎の無事を喜んだ

「親分は神田明神下に家も買ってくれた。感謝している」

「今いくつになった」

「四十二の厄は樺太で終わりました」

「もうそんなになった。まだ一人だったねえ、誰か目についた女の人がいるかえ」

「何時の間にか年が過ぎました」

「家もあることだし、丁度身を固めるときだよ。本当に誰かめぼしい人はいないのかえ」

「まあ、昨日、日本橋であった初音という日本橋の芸者の三味線は見事でした」

「都々逸でもあるまいし、三味線と添う分けじゃないよ、気に入っているんかえ」

「まあ、気に入らないことはないです」

「じゃ、その人に決めな。帰ったら早速親分にいって、飯をつくってくれる人がいると言えばよい」

「そんな子供じみた、はっはっはっはっ」

二人は声をあげて笑ったが、由太郎は心を固めた。やはりおたかは何時も自分の心を察していてくる。由太郎は何につけおたかに感謝した。

数日経ってから、由太郎は親分に心のうちを話すと、親分は即座に、

「よし、わかった。連れてきてやる」

と、引き受けた。身受け金が相当にいるだろうが、親分は全く介さないふうであった。こうして、松永は初音の三味線に惚れて、めでたく結婚した。由太郎数えで四十三歳の時である。

神田明神下の家で賭場を開いてもよいと親分の許しが出た。こうして許しを得た由太郎は、女房の三味線教授を表看板にして開帳した。

この頃、日本の関東軍は満州（現、中国東北部）の支配者張作霖《ちょうさくりん》を爆殺して満州を武力

占領しようとしていた。陸軍省は関東軍にかかわる疑惑とは別に、国防の本義とその強化を提唱し、非常時局に対する覚悟を国民に求めていった。由太郎たちが生きている世界は、日本における全くののけ者の世界であった。皮肉にも由太郎の家の隣りに、後に太平洋戦争で、マレーの虎と勇名を馳せ、イギリス軍の司令官パーシバルに「イエスかノーか！」と迫ってシンガポールを陥落させた日本帝国陸軍中将山下奉文の家があったのである。

二年後の昭和六年に、長谷川伸二郎が長谷川伸の筆名で『一本刀土表入』を『中央公論』に発表した。翌七年、『一本刀土表入』が六代目菊五郎によって、東京劇場で上演された。

由太郎は女房を連れて、粋に東京劇場へ『一本刀土表入』の芝居見物に出かけた。我孫子屋のお蔦は、全くの品川の沢岡楼の「おたか」であった。特に二階の中連敷居から話しかける様子は、生き写しであった。駒形茂兵衛は自分が貧乏から抜けだすために、はるばる東京相撲へやって来て、諦めろと青竹で追い出された時そのままであった。泣かない由太郎が涙をほほに流しながら見入っていた。この熱い涙を拭くのがもったいなかった。芝居は富国強兵の国策の影で、貧乏によって悲しい運命の波に流される人々への限り無い声援でもあったのである。由太郎はよくぞ書き留めてくれたと長谷川伸に感謝した。由太郎の女房も同じ運命の人であった。

10　国鉄高山本線開通

昭和九年、国鉄高山本線が全面開通した。沿線の人々の喜びはひとしおであったことは言うまでもないが、由太郎にとってもふるさとが近くなって、風の盆に帰っておわらの三味線を弾くことへの喜びが湧いてきた。今までは、富山駅から、四里半の道のりを歩いて行ったわけであるが、それが汽車で行けるのである。

松永由太郎が樺太から帰ってしばらくたって、父母宛に手紙を出した。その返事は同じ諏訪町に住む親戚からのもので、すでに他界して、遺骨は檀家寺の八尾町の山手の野積村《のづみむら》青根《あおね》集落の浄明寺《じょうみょうじ》にあるということであった。自分が樺太にいるころだろうと思われる時に両親が他界したのである。家も土地も全て処分され、不詳の息子であることを恥じた。父母に詫びなければならない。由太郎は墓参りを何を置いてもしなければならないことと思った。

さっそく由太郎は女房を連れて上野駅を発ち、富山駅で何もかも新しい高山本線に乗換えた。八尾の駅は越中八尾《やつお》駅という名前になっていた。由太郎は少し長い名前のように思ったので、周りの客に聞くと、大阪に八尾《やお》という駅があり後からつくった駅は昔の国の呼び名を上に付けることになっているということであった。

由太郎は真新しい越中八尾《やつお》駅に降り立って、女房には強行軍と思ったが、諏訪町のかつての家跡を見てから一里半の山道を歩いて野積村青根の浄明寺を訪ね、父母の墓参りをした。その晩は八尾町に戻り、宮田旅館に泊まった。そして翌日、八尾町の役場へ婚姻届を出すために女房を連れて行った。

東町《ひがしまち》の裏にある役場に入ると、役場の職員たちは博徒になり下がった松永として、好奇の目で見ているのが松永の頬を刺すようにわかった。受付での待ち時間の長さが辛かった。女房に申し訳ないと思う心が再び胸をしめつけてきた。しかし、役場の職員が「これで手続きが終わりました」と、言ってくれた時はうれしかった。それは初めて一人前の人間になったような喜びであった。初音よ、一生楽な暮らしをさせてやるぞ、と再び熱い思いが込み上げてくるのであった。

11　待望の長女誕生

由太郎は神田明神下の自宅で賭博を開帳する一方で、女房を三味線の師匠として、自らの芸を磨いた。由太郎は自分の創作した都々逸の歌詞を唄いながら三味線を弾いた。それは心の母とする沢岡楼のおたかを偲んでのものであった。

昭和十六年十二月八日、日本軍がハワイ真珠湾を奇襲攻撃し、太平洋戦争が勃発した。大戦果は国民総動員の戦争協力体制を固めていった。松永にとって博徒をしていることの後ろめたさが、すっと頭をもたげることがあった。「徒食は恥だ」というはやり言葉が耳に痛くあたった。まして隣の山下奉文は日本陸軍の誉れを一身に受けている人である。

後ろめたい思いの由太郎に、年明けて一つの明るい灯りがついた。子供が授からないのではと思って、ほとんど諦めていたところに、待望の女の子が生まれたのである。松永はこの時、五十四歳になっていた。命名にあたっては、赤貧《せきひん》の状態から抜け出そうともがけばもがくほど、運命は暗い道へ暗い道へと、ずるずると引きこんでいってしまってこんな渡世人になってしまった。せめてこの子は日の当たるところを歩いて欲しいと願って、子供の名前を昭子と名付けた。

戦局は華々しいものばかりであったが、二年も経たないうちに、周りに四十歳以下の男たちが居なくなっていった。五十歳を越えたような者ばかりとなった。皆、戦場へ行ったのである。由太郎にとって、音の出る三味線を弾くことが出来なくなった。在郷軍人たちの勇ましい声が毎日のように聞こえて来ていた。

松永の賭場も博奕好きが寄ってきて細々と開いていたが、勢いのない老人ばかりであった。宵越しの金は持たないという江戸のきっぷは消えていった。

12　疎開、そして終戦

昭和十九年、由太郎の女房は身重になっていた。由太郎五十七歳である。晩年になってつづいての子宝である。うれしいようで恥ずかしいような思いでもあった。

戦局は、放送とは全く違って急激に悪化の一途をたどっていた。この年の二月、六万八千名のマーシャル諸島の日本軍守備隊が玉砕していた。六月にサイパン島、七月にグアム、テニアンの各島の日本軍守備隊が全滅していた。すでに日本全土の制空権はアメリカ軍にあったのである。軍部としても戦局の悪化は隠しようがなく、八月にアメリカ軍の日本本土空襲の危機が迫ったとして、住民の地方への縁故疎開を促進し、東京の学童の集団疎開が始まった。

由太郎は東京が危ないということで、疎開先で子供が生まれることを願って、いち早く八尾への縁故疎開をすることを決め、そのことをK親分につげた。親分は快く聞いてくれた。

「それは良いことだ。安心して子供を産める。わしの家の者も疎開させる。おれも何処かへ疎開することになるだろう。なにしろ達者でおれよ」

由太郎家族は、上野で汽車に乗った。関八州を歩いて来た由太郎にとって、汽車の進む広い広い関東平野はなつかしい景色ばかりであった。長い汽車の旅ではあったが、数えでまだ三つの昭子は、むずかることもなく、利発な目で、まわりの客の旅の愛想になっていた。富山駅から八尾まで汽車がついたことがうれしかった。由太郎は八尾町の隣の卯花村《うのはらむら》の遠い親戚の小屋を借りて住むことにした。

由太郎の女房は卯花村に疎開してまもなく出産した。待望の男の子であった。由太郎はくよくよしないひろい心を持って欲しいという願いで、弘と命名した。

疎開してまだ一年も経たない昭和二十年八月十五日正午、ポツダム宣言受諾による降伏を伝える玉音放送があったのだが、ラジオが無いため直接聞くことは出来なかった。だが、戦争に負けたという話は卯花村の役場から伝わって来た。泣いている村人もいた。由太郎は国家ののけ者として過ごして来た自分には、悲しむ資格もない、又、戦争が終わって喜ぶ資格もないことを恥じるかのように、茫然《ぼうぜん》と畑の小道をただひたすらに歩いていた。村はなんとなく騒騒しかった。

この年の九月一日の風の盆について、越中八尾民謡おわら保存会は、おわら踊りの中止を決定した。

由太郎は戦争が終わった以上は、東京へ戻って家を再興するか、このふるさと八尾町に腰を下ろすかの判断をしなければならなかった。東京は空襲によって、ことごとく焼けてしまっているという。自分の年齢を考えると果たして後どれだけ頑張られるか、子供は小さい。出来れば、この八尾で暮らすことが家族のためによいのではなかろうか。由太郎はそう決断して、かつて住んでいたところの町で家を買う事ことを考え、八尾町の諏訪町へ行った。幸い諏訪町で家を買うことができた。赤貧の苦しみから真っ当な人間として立ち上がることもできず、運命に流されて、渡世人となってしまったが、今、ふるさと八尾の諏訪町に戻ることができた喜びは、ひとしおであった。

由太郎は終戦の混乱の中で東京のK親分をさがしに旅立った。K親分はすでに自分の家の建築にとりかかっていた。由太郎は富山の八尾でK一家の名で賭場を開帳したいと申し出た。K親分は由太郎の今までの功績もさることながら、落ち着いてもの事を判断する由太郎の人柄を高く買っていたこともあって、K親分から目の届かない遠い北陸の地にぽつんと賭場を持つことは、後々いろんな問題が派生しないともかぎらないという不安があったのであるが、こころよく開帳をゆるしてくれた。

13　風流な博徒

由太郎は八尾町諏訪町にK一家の名で賭場を開帳し、ただちに、まわりの北陸、信越に開帳挨拶の旅に出た。こまめに、腰低く挨拶回りをしたこともあって、賭場への人の出入りが次第に多くなっていった。

由太郎は警察に踏み込まれた時の用心に、返り戸や風呂場からの逃げ道など、忍者の家のような作りに変えた。

しかし、表向きは、女房の三味線教授という看板であった。

由太郎は博奕打ちだが、喧嘩は大嫌いであった。由太郎を知った者は、由太郎は噂とは正反対にあまりにも柔和な顔の持ち主であることに驚くのである。しかも、三味線の音が松永の家から一日として絶えることがなかったのである。風流な博徒である。

しかし、如何に風流と言えども、博徒は博徒である。そこに寄って来る人々の中には、血の気の多い者もいて、諏訪町は暗黒街のように見え始めていった。任侠は常に弱い者の立場にたち、弱者を虐げている強者をくじく男だての世界に生きる人間の事をいうのであるが、町の人々にとっては、全くその逆の恐ろしい世界に映っていた。

まして、清水次郎長の血を引く関東一のＫ一家の名を名乗る松永と、噂でしか聞いていない人にとっては、松永は暗黒街を仕切る恐ろしい鬼のような親分に思われていた。人はＫ一家の松永と言わず、松永一家といって恐れていた。

松永の賭場への遠来の客は、西新町《にししんまち》の宮田旅館に宿泊して、松永の賭場へ足を運んだ。宵深くなると旅館の辺りは松永の客人を送り迎えする提灯《ちょうちん》の明かりが頻繁に動いていた。

この宮田旅館は、歌人の吉井勇が疎開の折に宿をとった所でもある。

　雪を見て老いたる母のしら髪をわびしみて居り越の旅籠に

宮田旅館は、多くの文人墨客《ぶんじんぼっかく》が宿をとるところとして、昔を今に伝える老舗の旅館である。

吉井勇は八尾町東町《ひがしまち》の常松寺《じょうしょうじ》の離れや西新町《にししんまち》の画家の小谷契月《こたにけいげつ》の家に疎開し、昭和二十年十月に京都へ移るまでいて、八尾で流離《りゅうり》の痛みを十数首詠んでいる。

十月になると、国内にいた軍人が次々と復員してきた。海軍から金井清が復員して来た。金井は、これという職もなく、ぶらぶらとしていたあげくに、松永の家に遊びに来るようになった。

金井は好青年であったが、敗戦という価値観の百八十度の転回がもたらした不安と何かへのおののきと、それとは別の相反する無感情の虚脱感が入り混じって、時には怒濤《どとう》となって襲い、時には真空のように放心させる。この浮遊する金井の心に強烈に迫ってきたのは、太宰治の小説であった。身を松永の家に遊ばせながら、太宰治の『東京八景』から始まって、新しく出版される『ヴィヨンの妻』『斜陽』とむさぼり読んだ。金井は太宰の何に引かれているのか、堕落か再生か、それすら混沌としながら、ただひたすら強烈であった。この混沌が金井を松永の子分にさせた。

敗戦から年が経つうちに、八尾町も活気づいて来た。松永の賭場も、所狭しとなっていった。

八尾という言葉の由来には幾つかあるが、その一つに八つの山の尾根《おね》という言葉から来ているという説が語られているが、もともと山から山へ繋がった稜線という「尾根《おね》」のことばは信州や甲斐の方言であり、すっきりしない。また、八尾の「尾」を山の裾と解釈するのもある。さらに、川を意味するというのもある。荒唐無稽《こうとうむけい》のような八岐大蛇《やまたのをろち》説もある。

納得しやすい説は、「ヤツオ」そのものが一つの語句として出て来る万葉集のものである。万葉集に「八峯《やつを》」という言葉を使った和歌が数首ある。八は多くのと言う意味で、多くの峯ということである。

大伴家持が越中の国守の時に詠んだ歌に次のようなものがある。

あしひきの八峯《やつを》の雉《きぎし》なき響《とよ》む
朝けの霞見ればかなしも

奥山の八峯《やつを》の椿つばらかに
今日は暮らさねますらをのとも

この多くの峯がある所というのが「八尾」の地名の由来にあっているようである。多くの峯と峯の間に一つから二つの村がある。保内《やすうち》、杉原《すぎはら》、室牧《むろまき》、仁歩《にんぶ》、野積《のづみ》、卯花《うのはな》、黒瀬谷《くろぜだん》、大長谷《おおながたに》などとあり、この中心に八尾町がある。この説がわかりやすい。

さて、これらの近郷近在の村々の男たちが、松永の賭場のいい客であったのであるが、それが博奕の知恵がついて各村のあちこちで賭場を開く者が出始めたのである。

身近な所で、しかも小銭で博奕が打てるし、重畳とした峯々は八尾警察署の目も届かないとなると、遠い道のりの松永の所まで来て博奕を打つ者が次第に減っていった。親分の下で博奕の手ほどきを受けた以上は、寺銭の半分は親分に出さなければならないのが決まりだが、「その恩を忘れている」という事態になった。

やがて松永の屈強の若い者の金井清と中山三郎が見回って歩くことになった。すなわち縄張の中にいることを示してやるという、博徒の世界の理屈であった。

14 平沢《ひらさわ》集落での大喧嘩

昭和二十五年三月三日、ひな祭りの日に照準を合わせて二人は川沿いに十キロ奥の仁歩《にんぶ》村を目指して上っていった。松永の方では、仁歩村平沢集落に屋号新家《あらいえ》という頭の切れる玄人はだしの者がいて、その者が胴元をやっているという情報をつかんだのである。

新家が胴元をやっている博奕は「ちょぼ一」といって、賽子《さいころ》一つを壺で振り、その一から六までの数字に賭けるのである。真中に置いた長八寸の紙には一から六までの数字が書いてあり、その数字の所に銭を置くのである。当たる確率は極めて少ないが、それだけに賭け金も小さいので、「ちょぼ一」は誰でも賭けやすい博奕として、山の村々で大変な勢いではやり始めていた。

平沢集落は二十六軒あり、一つの集落としては多い方であった。その日の晩は、区長の中井甚太郎の家で常会《じょうかい》が開かれることになっていた。よねおっかあのかいがいしい働きによって、広間には筵が敷き詰められて、囲炉裏には大茶釜が掛けられ、よく乾いた楢の榾《ほた》が焼べ《く》られて、しかしかと辺りを温めていた。囲炉裏から離れた窓際には、真鍮の火鉢が三つ置かれて、それぞれに中井の親父が焼いた楢の堅炭《かたずみ》が入れられ、広間を温めていた。幸い雪が止んでいたので、よい日に常会を決めたと家の者は喜んでいた。

常会の始まる時間は決めていないが、一般に夜の常会は、七時から始めることになっていた。七時までに来たものは十二軒であった。遅れて七時半までに五人が来た。そのあとぱたっとこなくなった。甚太郎はしっかりとふれ回ったはずなのにと先に来た者にあやまっていた。八時を過ぎてもあとの者が来ない。数が少なすぎる。途中で逢ったという者もいない。よねおっかあはなんとなく予感を持った。この頃うちの親父をはじめ、どこの親父どもも病気にかかったように、博奕に夢中になっているからである。おっかあが呼びに行って来ると言って向かった先は新家の家であった。新家のおっかあは、五時ごろ中井へ常会に行くと言って出ていったと言った。よねおっかあは家に戻るなり、

「博奕じゃ、博奕じゃ」

と、言いながら入って来た。

「どこでやっとるか、わかったけ」

と、清水の親父が言った。

「五時ごろもう行ったらしいから、新家のおっかあもわからん言うとったちゃ」

「はっはっはっ、今日止めるか」

村の長役の平林甚吉が言った。

「それじゃあ、皆さんに集まってもらったが、平林さんもこう言っておられるので、今晩の常会は止めて、改めて開きますちゃ、そういうことで」

と、甚太郎は言った。時計は八時半を回っていた。


その頃、平沢の一番奥にある浅地《あさち》の家の博奕場は、修羅の巷となっていた。

松永の子分の金井と中山は足場の悪い雪道を平沢《ひらさわ》集落の浅地の家を目指してのぼって来て、午後八時二十分頃、浅地の玄関に入った。その時、隣の集落の徳蔵《とくぞう》が博奕を打ちに来ていて、小便して便所から出た時であった。浅地の便所は広い玄関の三和土《たたき》の横にあったので、正に鉢合わせとなったのである。

徳蔵はこの前まで松永の所へ博奕を打ちに行っていたので、互いに知った顔である。機敏な徳蔵は、賭場を押さえに来たと直感し、いきなり「おーい、松永一家が来たぞ、逃げろ、早く逃げろ」と叫びながら、玄関脇に置いてあった馬用の田起こしの二メートルの鋤をがんがん振り回した。大変な強力《ごうりき》であった。その一撃で金井は右腕を折った。中山は左足を折った。意表を突かれた二人は、攻撃をかけてきた徳蔵を相手にしていては、目的の賭場を押さえられない、徳蔵を放って、重傷をものともせずに、家の中に飛び込むと戸かばね（衝立）を蹴り倒し、一直線に奥座敷へ行った。かつて、海軍で鍛えた体である。これしきの事でひるむかという猛々しさであった。

徳蔵は「逃げろ、逃げろ」と叫びながら自分も外へ逃げた。二人の目的の最大のものは寺銭と賽子を押さえることであったが、既にそこには「ちょば一」の一から六までの数字の書いた長八寸の紙さえもなかった。この家の中にいる者は、浅地のおっかあと子供たちだけであった。博奕打ちたちは二階から背戸の雪の上に飛び降りて逃げた。野積村から来ていた者たちは、一目散に雪の粗道を踏んで帰っていった。

二人は寺銭の隠し場所をみつけるために、ありとあらゆる調度品をひっくり返しながら暴れ回った。しかし、寺銭らしきものは出てこなかった。二人は諦めて、浅地の家を出て、雪明かりを頼りに人影を探しながら歩いた。

博奕を打っていた一人が、雪道を大声で触れ回った。

「町から博奕打ちが暴れに来た。戸を閉めて外へ出るな！」

その声が、常会を開くはずであった中井の家の中まで届いてきた。

「常会にも来んと、なんちゅうこっちゃ」

中井のおっかあは、親父どもの放埒《ほうらつ》に呆れてものも言えんというふうであった。

中井の家から未だ帰らずにいた者は、物騒であったので外へ出ずに、茅の雪垣の間から雪明かりでぼんやり見えるのを頼りに、外の成り行きを見ていた。

村のほとんどの子ども達も、寝ずに家の茅の雪囲いを両手で押しあけて恐ろしい大人社会の有り様を終始覗き見ていた。


浅地と新家は、このままおらたちを探して一軒一軒暴れ回っては村に申し訳ない。これ以上暴れないようにしてしまおうと、集落の下を流れる谷に落とすことを謀った。この谷は、八尾への往来と交叉する水のない涸れ谷で、深さは二メートルあり、しかも二メートルの積雪の為、もがいてくたびれて帰るだろうと、いうものである。

浅地と新家は手拭で頬被りして顔がわからないようにし、浅地の家から出てきた金井らの前に距離をおいて飛び出した。それを見た二人は「この餓鬼め」と言って狭い雪みちを肩を組んで近づいて来た。浅地と新家は、その様子から一人は足を折っているなと思った。二人は目の前の人影を目指して「この餓鬼」「ばかもん」などとわめき散らしながら後を追って来た。

町とここは雪の深さが違う。道といっても一人がどうにか歩けるという狭い雪道である。そこを並んで肩を組んで歩いているのであるから、足場が悪いことはこの上ない。しかも、わずかな雪明かりといっても辺り一面真っ白では、追う二人にとって地形の見当が付かないのである。浅地と新家は、近づいては離れ、近づいては離れして、平沢集落を下っていった。村外れの町へ行く往来の道の近くまで来て、その小さな橋の手前の所で、二人を待っているかのように立っていた。肩を組んだ二人は難渋しながら、橋も谷も埋め尽くしたように見える雪の中を、浅地と新家に近づいてきた。この場所は、下街道《したかいどう》といって毎日通っている者でも、冬は左の山から雪崩落ちている雪によって足を滑らせ谷へ落ちそうになる所である。

金井と中山には、右側が谷へ落ち込んでいることなど全くわからなかった。浅地と新家は二人が必ず落ちるように雪道に右傾斜を付け、ふかぐつ（藁靴《わらぐつ》）でその道をこすりながら滑りやすくした。浅地と新家は子供のいたずらのように、わくわくしながら二人がそのところに近づいて来るのを見ていた。謀った通り「ありゃりゃ」と声をあげて二人は肩を組んだまままずるずると下の深い谷へ落ちていった。浅地と新家はくすくす笑いながら道の傾斜を直し、帰って行った。「おい、こら、逃げるな」という声だけが下から聞こえていた。

金井と中山には、全く予想外の結果となった。まず博奕場を押さえ、これからも賭場を開く時は、丁半でなく「ちょぼ一」であろうとも、寺銭の半分をださせることを約束させるという、話合いをするつもりであった。

喧嘩をしてはならなんぞと、釘をさされていたのであるが、しかし、事態は喧嘩どころか、徹底的に打ちのめされるという結果となってしまった。しかも、由太郎の意に反して、二人は博徒の命取りとなる本当の暴力沙汰をこのすぐ後にやってしまうのである。

谷の雪は上から雪崩落ちる雪もあるので、三メートルは超えていた。二人は三十分もかかって、もがきながら道に上がって来て、ようやく町へ通じる往来へ出た。そのとき、ぱったり数人の男と出くわしたのである。そして二人はてっきり博奕打ちと思って、いきなり殴りつけてしまったのである。

それは、雛祭りのこの日、仁歩村立仁歩小・中学校では学芸会があり、それも無事に終わった先生たちがご苦労さん会を宿直室でしたのだが、酒好きの男先生四人だけが遅くまで飲んで、八尾の自宅へ帰るところだったのである。先生たちは酔っ払っての帰り道で、逃げることも出来ないまま、一方的に打ちのめされ、雪の中に投げ込まれたのである。

金井と中山は、なんとか腹の虫が収まって、八尾町へ向かって歩き始めた。先生たちは、何が何だかまったくわからないまま打ちのめされた。この中に二人を知る町の先生がいて、とにかく三ツ松集落にある駐在所へまで戻って訴えた。

金井と中山が肩を組んで仁歩村から野積村を通り二里半の雪道をどうにか歩いて町の入り口の野積川に架かっている桐山《きりやま》地内の吊り橋の所へ来た時は夜中の一時近くになっていた。二人が吊り橋をどうにか渡りきったところで、八尾警察署の警察官が十数人待ち構えていて、二人を直ちに逮捕した。二人が骨折していることを知った警察はすぐに病院に入院させ、病院での取り調べとなった。

博奕打ち同士の話合いで終わると思っていた金井と中山は、不覚の事態となり、一般の人に怪我を負わせるという失態を仕出かしたのである。五日の各新聞は暴力団の抗争事件に一般市民が巻き込まれるというふうに、報道した。

松永由太郎はもちろん、平沢集落の浅地《あさち》で博奕を打っていた者たち全員を八尾警察署が取り調べた。松永由太郎は金井と中山が暴力沙汰を起こしたことによって、暴力の町、暗黒の町八尾と新聞で報道されたことに、自ら深く反省した。金井と中山が一般の人にやった暴力の罪は、きちんと償わせ、手を折られ足を折られた傷害に対しては被害届けを出さなかった。

今回の一般の人たちに暴力をふるった償いは、この自分という存在が起こした業な罪とすれば、自分の命を落として償うに等しいほどの掟破りである。

ああ、結局は博徒のいう、庶民の、いや、人間そのものの本来持っている賭け事心を楽しさに変えてやって、お手伝いをしているのだという理屈は屁理屈にすぎないのか。結局は賭け事の中に潜む野獣のような闘争心を煽っているだけではないのか。そのことが、いつか暴力事件を起こしてしまう。やはり、楽しい賭け事なんてあり得ないのか。こんな真っ正直なことを、心の底から松永に芽生えさせたのは、松永がひと時も三味線を手から離さず、おわら節を愛し続けていたことと、何といっても幼いときから貧しさが生んだ悲しい人生のなかで良心が消えずにいたことである。

いま、この事件が、松永の心の奥底に押しやられていた良心ともいうべき正気の心を、一気にひっぱり出したのであろう。

松永由太郎は、おわら節は「おわらひ節」から来たという言葉の由来説を信じている。それは博徒として旅から旅へと渡っている時、旅の中で出会う五穀豊穣の祭や祈り、そして人情の中から一層確信した説である。思えば、渡世人としての自分の歩き方は、五穀豊穣を祈り、風神も人間も共に楽しむ「おわらひ節」という由来説を、自ら踏みにじってい る事に気付いたのである。

15 風祭《かざまつり》

今から三百六十年余の昔、越中の婦負上郡《ねいかみ》八尾村の少兵衛《しょうべえ》（米屋《こめや》少兵衛）等が桐山村地内に新町の創立願いを加賀藩に申し出ていた。やがてこれが聞き届けられ、桐山地内に於いて町立《まちだて》設置のお墨付きが下った。これは、徳川家康が江戸幕府を開いてから、三十三年経った、寛永十三（一六三六）年二月晦日の日であった。少兵衛はここに、新町二系の屋敷引きをして、坤《ひつじさる》（南西）の方をもって町の上として、艮《うしとら》（北東）の方をもって町の下と定めた。

加賀藩は新規町立の住民の本質は百姓で農民であるとしていた。よって町立の商人は幕府の言っている商人とは違って、在郷商人といい、贅沢人が高利貸などをすることを厳に戒めた。在郷商人が百姓米の販売を容易にし、貨幣の流通を円滑化することに主眼が置かれていた。すなわち、町の繁栄は近郷近在の村との一体の上に成り立っていることが求められていたのである。

この頃、雨が降り続いて周辺の村々の川縁の家や田畑が流されるという災害が数年続いた。家を流失した者、二、三男の分家、さらに平家の落武者という伝説のある五箇山《ごかやま》の者も出て来て家を建てた。こうして、たちまちのうちに整然とした二系の屋敷引きにしたがった街並みが出来上がったのである。

新地八尾町の家々の大半は、近郷近在の村々を相手としての商いで暮らしをたてていた。やがて蚕種《さんしゅ》（蚕の蛾が生んだ卵）業を起こす家が出てきて、これが町家にあっていて、蚕種を農家に売り、農家がそれで蚕を育てて繭にし、その繭を町家が再び買うという仕組が出来上がった。この蚕も冷夏や長雨や高湿度に弱く、その年の気候が繭の収穫を左右した。

米屋は御収納銀請負業をしていたが、代が替わってから、近郷近在の農家の冷害や洪水などが続いたことによって、町家が繁盛しなくなり、八尾町は御収納銀が出せない状態となった。町立てを祖先に持つ米屋であるとすれば、不人情な町家への取立てもならず、米屋が全て立て替えていた。これが嵩《かさ》んで米屋自身が貸し倒れのようになって、ついに米屋は御収納銀請負業をやめ、山手の野積村水口《みなくち》に転退したが、その際に、町立ての時の莫大な取替銀に関する資料を残らず携えていった。八尾町としては、いつかは米屋に返さなければならない銀であった。しかし、米屋が立て替えている多額の銀を支払うだけの力がこの町に何時つくか見当もつかなかった。

時に元禄十五（一七〇二）年、町役人衆はこのままでは町の自由な発展が望めないとして、知恵をはたらかして、米屋が保管している御収納銀取替銀帳を持ち出すことを謀った。米屋の座敷を借りて、花見と称して大酒宴を開いた。町役人衆は元々米屋を開町の祖としていたこともあって、今までも米屋の家によく出入りをしていたので、御収納銀の取替銀帳の在処を知っていた。米屋の主人が酔っている隙に、御収納銀の取替銀帳を持ち出した。取替銀帳を持ち去られた米屋は、その証拠品を無くしたのである。しかし、後で御収納銀の取替銀帳が持ち去られたことを知った米屋の主人は、取り返すことも、訴えることもしなかった。こうして、全てが帳消しの状態となってしまったのである。やはり代は替わろうとも米屋は、八尾町の生みの親なのである。この米屋の系図は連綿と続き、現在の水口集落の谷江家である。

旧八尾町の人々は開祖米屋少兵衛への恩を忘れてはいないと、城ケ山山頂に立派な米屋少兵衛の銅像を建て、その遺徳をしのび、後世におくり伝えんとしている。

米屋の主人の度量の深さを知った町役人衆は、全てが帳消しとなったことに安堵し、そのことを全町民に触れ回った。全町民は狂喜して、その数日後にやってきた、三月十六日（大陰暦）の礼祭日を中日として、三日間、昼夜の別無く、三味線、太鼓、尺八等の鳴物に合わせて、浄瑠璃、仁和加《にわか》、仮装行列など町々が思い思いの出し物を持って、笑い転げて練り回ったのである。こうして「おわらひ節」が生まれたと言われている。

この時から、七月（太陽暦）の盂蘭盆会《うらぼんえ》に「まわり盆」として三日間踊り回るようになった。しかし、盂蘭盆会は各家々が先祖の霊を祀る行事であり、町民あげて商業の町、八尾町の繁栄を願う大本をなす祭りとするには「おわらひ節」は不似合いであった。「おわらひ節」は、あまりにも卑猥《ひわい》で、楽しすぎて、精進を旨とする仏様が卑猥を喜ぶとは想像出来なかった。

やがて「おわらひ節」は、盂蘭盆会の盆踊りから、商業の町、八尾町の繁栄を約束させてくれる近郷近在の豊年満作を祈り、町を大火から守るために風神《ふうじん》の荒ぶる心を静める祈りの行事へと変わっていった。

元々、近郷近在の村々には二百十日に「風祭《かざまつり》」として、荒ぶる「風神《ふうじん》」の心を静めて豊年満作を祈る祭りがあった。この「おわらひ節」も二百十日の「風神」として定着していった。

戀といふ字を　分析すれば
　糸し糸しと　オワラヒ　言ふ心

いやだいやだと　畑の芋は
　あたま振り振り　オワラヒ　子が出来た

諏訪様の　宮の立石主かと思うて
　ものも言わずに　オワラヒ　だきついた

二百十日に　風さへ吹かにゃ
　早稲の米食て　オワラヒ　踊ります

昔から豊作を約束してくれるのは、大自然の風が荒れ狂わないことである。風によって豊作か否かが決まるのである。これは極めて説得力を持つ自然信仰である。

風神は神が往来するときに伴う神風《しんぷう》のことである。神風を祀る言葉から風神という言葉が生まれたようである。風は神の衣のようなものではあるが、人間には悪の働きをすることの方が大きいとされている。風邪や疫病をも運ぶのが風神である。「風にあたる」とか、「風にあう」などという言葉は悪寒等の体調を崩したときに遣われる。また、せっかく実った稲も、大野分《おおのわき》（台風）が雨を呼んで洪水を起こし、田畑ごと流し去ってしまう。また、冷たい風となって、作物を実らせない。風神は大抵は魔物のごとき諸業をするのである。それ故、福島県、千葉県、奈良県等を初めとして全国に風の災いを鎮めて豊作を祈る不吹堂《ふかぬどう》の祀りがある。一番風の二百十日、二番風の二百二十日に「風ふさぎ」を祈るのである。

富山県（越中）は、飛騨山脈と日本海に囲まれ、数多くの山襞と河川があり、それが多くの風を生み、局地的に突風が吹き荒れ、雷雨をともなうことが度々である。それによる被害が甚大で、田畑はもちろん人命や家屋にまで及んでいるのである。その風を祀り鎮めようと不吹堂（富山県では「ふかんど」、又は「ふかんどう」）という風神の宮を建て、大風が吹かないよう、悪い病気の吹かないよう二百十日の日に祈り祭るのである。古くから仁歩村や野積村では旧暦の八月一日を八朔といって野良仕事を休み、不吹堂の前で、風の盆をした。太陽暦では九月一日としている。不吹堂は富山県内に現存しているだけでも八尾町や井波《いなみ》町などをはじめとして十数か所ある。

商業の町、八尾町の繁栄は近郷近在が常に、米も、豆も、繭も豊年満作であることである。さらに、八尾町は、いったんどこかの家から火が出ると、一区画ごとの家と家の壁がくっつきあっている為、鎮火することが難しい所へ持ってきて、火は風を呼び、風は火を呼んで、一つの町並みを火は舐め尽くしてしまうのである。町を大火から救うために、二百十日の風神の祭日に、お笑い節を奉納して、その風の荒ぶる心を鎮めてもらうことを祈って、踊り続けなければならないのである。

桶屋をして近郷近在を歩き、自然現象によって農作物の凶作を自分の目で見、しかも二度の大火によって、貧困のどん底に落ちた松永由太郎にとって、おわら節は稲の藁から来た「お藁節」ではなく、風神を喜ばせる「お笑ひ節」が「おわら節」と言い変わったという由来説は当然のように思われた。それが故に、風神に喜んでもらう最高の出し物としなければならないという熱い思いと、意気込みも当然のことである。

大火から町を守らなければという気持は、松永一人ではなく、町の人々の全ての願いでである。それほどに町には不幸な火災が続いていた。江戸時代から大火が幾度も町を襲った。以下は明治時代だけではあるが、そのなまなましい記録である。明治八年七月に上新町《かみしんまち》、諏訪町《すわまち》で総戸数百六十戸が罹災。同十五年に天満町《てんまんちょう》で七十戸が全焼。同二十二年の十一月に諏訪町で六戸全焼、その十二月に鏡町《かがみまち》で十二戸全焼。同二十三年五月に諏訪町、上新町で三百三十戸余が全焼。同二十八年四月に下新町《したしんまち》で七十戸余が全焼、その五月に下新町上の丁で六十二戸を全焼。同三十三年五月に上新町《かみしんまち》、諏訪町で総戸数二百六十七戸が全焼。同四十四年十一月に東町《ひがしまち》、西町《にしまち》で九十七戸が全焼。

また、近郷近在の村々の暴風雨による被害も後を断たなかった。明治三十一年六月と九月の井田川の氾濫による保内村《やすうち》、杉原村《すぎはら》の田畑の冠水、流失数十町歩、人家の流失被害、明治三十二年九月の仁歩川《にんぶ》、玉生川《たもう》、野積川の氾濫による田畑の冠水、流失十町歩余、十二の橋の流失、人家の流失の被害。特に大正三年八月の全河川の氾濫、田畑の冠水、流失数百町歩、死者百六十七人、さらに、この各支流の氾濫によって、井田川《いだがわ》は大洪水を起こし、流域の村々をことごとく呑み込んで、下流へと押し流していった。かつて江戸時代の十村役《とむらやく》（江戸時代加賀藩・富山藩の地方行政区画十ヵ村程度を一区画として百姓が肝煎に任命され、民政をつかさどった。他藩の大庄屋に当たる）の時から

「島の徳兵衛の嫁見たか」
と唄われている豪農岡崎徳兵衛（婦負《ねい》郡鵜坂《うさか》村、現、婦中町西本郷）の広大な田圃をことごとく流していった。この時の未曾有の惨禍は、八尾町周辺の全ての人々を、貧困のどん底に陥れた。

このような八尾町を中心とした八峯《やつを》の極めて局地的な自然現象がもたらす火災や天災は、二百十日風の盆を、町や村を守る最重要政《まつりごと》としていった。

松永が旅の町や村を知って確信をもったこの風神に捧げる「おわらひ節」の由来説は、やがて定着し始め、太鼓の名手であり父のおわら人形の制作を引き継いでいる城岸徹《じょうがんとおる》が集めた「おわら人形」の変遷資料や、正調おわら節の唄い手の伯育男らが保存している大正時代の滑稽に変装して唄や囃子をしている写真、さらに、松永由太郎と同い年に、三味線、胡弓、太鼓に堪能で浄瑠璃語りの江尻豊治が保管していた貴重な資料等から、そのことが裏付けられている。

16　足を洗った由太郎

町の人々の由太郎への印象とは違って、由太郎は博徒ではあるが三味線を弾くことを怠らず、常に芸を磨き続け、おわら節を愛し続けていたのである。

由太郎は反省した。楽しい「お笑い」で、風神の荒ぶる心を鎮め、近郷近在が豊年満作で、町が大火に遭わず、いつも繁栄と平和であることを祈り続けるおわら節の発祥地、このすばらしい八尾町に暴力の町という烙印を押してしまった。この罪は、渡世人としての自分の所業がなしたものに他ならない。全町への罪は全て自分にある。よし、賭場を解散して、渡世人から足を洗って、積もりに積もったこの罪を生涯かかっておわら節の発展の為に尽くす事によって赦してもらえるものならば、たとえあの世で地獄へ落ちようと本望である。きっぱりと博徒から足を洗うと言ったのである。

松永由太郎は、この考えに至るまでそう長い時間は要しなかった。それは貧困によって、運命に流されながらも、三味線とおわら節を愛し続け、町の安寧を祈り続けた人間の、心のながい旅路が導いた結論であった。

しかし、松永を取り巻く子分たちが、今後暴力沙汰は起こさないから、足を洗うことだけはやめてくれと言い出したのである。

子分たちの気持ちも考えると、由太郎の心は揺らいできた。穏やかな形で博奕打ちは続けられないかと考えるようになった。

八尾警察署から松永一家を解散に追い込んだというニュースが町内に流れたかと思うと、直ぐその後に、いや解散しないらしいというニュースが別の所から流れてきて、この機会に町から博奕が去ってしまうことを願っていた町民や近郷近在の人たちは、八尾警察署の腰の弱さに切歯扼腕《せっしやくわん》している毎日であった。

この時、八尾町青年団長の伯育男が、今青年が立ち上がるべきであるとして、「明るい町づくり」への緊急提案があるとして、臨時青年団総会を開いた。青年一人一人に総会出席案内を配った。勿論、出席できるはずもない、今、拘置されている金井や中山にも渡して貰うよう八尾警察署に頼んだ。

団長の伯は、提案理由を説明した。議題は松永一家の解散である。自分にとって松永由太郎は、おわら節の偉い師匠ではあるが、一方では、松永一家の親分という、自分たちの知らない世界に生きている人でもある。自分の思うに、松永由太郎の本当の意志は一家を解散したいというところにあると思うが、周りの事情で踏み切れないでいるようだ。また、我々青年の仲間にも、聖職と言われる職についている人の中にも、麻雀賭博が蔓延しているのが現状である。家の財産をなくして夜逃げした家が数軒ある。町中が博奕に蝕まれてしまっている。松永一家のような大物が解散したという例は、日本国中にいまだない。松永一家が解散してくれて、落ち着いた静かな町になれば、麻雀賭博もなくなるだろう。これを本当に実現するためには、今のままではだめだ。富山県警察本部の力を借りるのが一番である。

こうして、八尾町青年団は、八尾警察署を飛び越えて富山県警察本部に松永一家を解散に追い込むことと、すさびた町の実情を報告し、明るい町づくりへの協力を依頼した。

富山県警察本部は早速動いた。直接指揮を執った。まず、八尾劇場で賭博が町をむしばんでいくという、よく似た町をモデルにした『暴力の街』という映画を上映するよう指導した。八尾町青年団推薦映画として、二週間連続上映した。この映画を鑑賞した者は、あまりにも八尾町の現状に似すぎているのに驚いた。青年団長はまず啓蒙しなければと、各町ごとに青年団による映画鑑賞会を開いた。これに応えたのが諏訪町の町内会であった。由太郎は青年団の役員にも会い、町内会の役員にも会った。由太郎も町内会の一員である。また、この人たちとは、風の盆の時は、真っ先に出て共に三味線や胡弓を弾き、太鼓を叩き、おわら節を唄い、手踊りをしている仲間たちでもあるのである。貧困のどん底にあったが子供の頃の思い出も深い町である。諏訪町は現在の生活の場であると共に、長く離れていたなつかしいふるさとでもあるのである。このところが、他の子分たちと大きく違っているところなのである。

松永一家が解散するかも知れないというニュースが、住民側から八尾警察署へ入った。警察にとってはその事を押しはかるべきすべがなかった。それ故に、八尾警察署はかえって疑った。警察の目をすり抜ける為の狡猾な手段と見ていた。松永一家全てが解散する。そんな事が博徒の世界でありうるのか。子分の一人や二人が足を洗ったということはあるが、もし、本当にそうなれば、八尾警察署は日本の警察史上最初の快挙となる。そうなれば、勿論富山県警察本部の力によるものであるが、八尾警察署の手柄となる。

八尾警察署の疑いをまったく払拭するかのように、松永は賽子《さいころ》二つを懐にして、東京のK親分の元へ旅立った。松永はK親分の家で土下座したまま、事の顛末を報告し、渡世人

から足を洗うことを決断した。これからは、ふるさと八尾の「おわら節」の為に尽くして生涯を過ごしたいと告げ、

「勝手に決めたことをお許し下さい」

と、足を洗うことを懇願した。

「あんたにも子分がいる。それらをどうする」

「料理屋でも開いて、料理人の修業をさせます」

「うん」

「どうか、賽子《さいころ》を受けってください」

「あんたがわしに賽子を差し出すということは、あんたの賽子を封印することになり、金輪際、触ることも出来ないということになるのだ、それを承知の上でか」

「覚悟の上でございます」

「うん」

「そこで、たってのお願いでありますが、富山の八尾町には、風神の荒ぶる心を鎮め、町を大火から守り、近郷近在の村々の豊年満作を祈るおわら節という民謡がありまして、その節はもちろん鳴物の囃子に、他の民謡にみられない特徴があります。それ故、風の盆の

時だけでなく、一年を通して、町民全てが温習会に出て、芸を磨かなければならない厳しさをもった民謡であります。正直申しますと、自分が開く賭場によって、自分のいる諏訪町の夜の温習会は、怖くて思うように運営できないと苦情の申し出を受けております。もっともであります。近郷近在はもちろん、北陸一円から博奕打ちがやって来ますので、一般の人にとってはそんな感情になりましょう」

「そこで」

「そこででございますが、町の人たちが、一年中思う存分おわら節の稽古が出来て、長閑《のどか》で笑いの絶えない町にしとうございます。夜の温習会の帰り道、男も女もカランコロンと下駄の音を鳴らして、温習会でのおわら節の音色を耳の奥に宿しながら歩ける町にしとうございます。どうか、自分が足を洗った後は、この八尾の町を特別な除外地区として、親分のお目から外して下されたくお願いします」

「わしはいいが」

「自分が八尾の町へ行ってやったことは、自分の思いとは違って人々は暗黒街といっています。賭け事好きの遊びの場で済まされない、暗黒街の烙印を押してしまったのは自分でございます。いたる所で博奕が蔓延してしまいました。自分はその罪の償いに、八尾の町を博奕と喧嘩のない、路地から路地へと三味線と胡弓の音が流れるおわら踊りの町として、昼も夜も風神の荒ぶる心を鎮め、福を呼ぶ笑いの絶えない平和な町にしとうございます。この思いをかなえさせて下さい」

「ほかから入ってきたらどうする」

「もし、外から博奕打ちが入ってきたら、この命を賭けて止めます」

「潔い。いい足の洗い方だ。一家を張った者が、本当に足を洗ったら、こらあ日本中で初めての事になる」

「どうか、どうか、この三味線とおわら節に狂った男の、生涯の頼みとして、お聞き届けてください」

「いい男っぷりだ」

「どうか、八尾をお願いします」

「わしは、八尾でのあんたの壺振りを見ずに終わったのぉ」

「お願いします」

「わしも、本当の任侠を知った男を子分に持ったものだのぉ」

K親分は時を置いてから、口を開いた。

「あんたの壺振りは見られなくなったが、三味線はこれから聞ける。その怪我をした指の三味線は、五本の指の三味線よりも価値がある」

「ありがとうございます」

由太郎はK親分の度量の大きさに感謝した。こうして松永はK親分の許しを受けたのである。

新聞は再度松永一家の解散を大々的に報道した。これは、八尾警察署が松永由太郎を封じ込めるための方法の一つとしての報道機関を利用したのではあったが、松永は想像以上の堅固な意志を持っていた。

17　おわら節一筋

　松永は時を置かずたった一人で、八尾の町の有志への謝罪の挨拶回りを始めた。まず八尾警察署長をはじめとして、町長、諏訪町町内会長、青年団長、県議会議員、町議会議長、越中八尾民謡おわら保存会会長、農協組合長など、主だった人々の家を回った。

　松永の挨拶を受けたほとんどの者は、敬遠しながらの受け応えであったが、諏訪町町内会会長、青年団長、それに富山県議会議員に当選してまだ日の浅い東町《ひがしまち》の金厚伴二《かねこばんじ》の三人は丁寧に挨拶を受けた。特に金厚は、

「まあ、まあ、玄関では何だから中へ入れよ」

と、座敷に通し礼儀を持って、再度松永の挨拶を受けた。

「おれのようなものを座敷に入れてもらって、かたじけない。ありがとうございます。自分は六十にしてようやく真人間になりました。余生を町の為につくします。どうかよろし

くお願いします」

金厚はこの後の生き方を尋ねた。松永は、

「先生、口幅ったい言い方でありますが、平和なおわら節の町づくりに、わずかに残った生涯を賭けさせてもらいます」

と言った。

「生計はどうする」

「鏡町で料理屋を建てて、何とか食っていきます。私の元にいた者にも、調理の技術を身に付けさせて、一緒にやっていきます」

「ところで、あんたは確か、子供のころ三味線も胡弓も弾く音曲の天才であったと聞いている。町では、諏訪町の二度の大火が、あんたの家を貧乏にし、それがあんたを渡世人にしてしまったのだと噂していた。足を洗ってくれてよかった。自分は先程のこの人の言っていることは、これはほんまもんだと思ったが、町の者皆がそうは思ってはいないかもしれない」

「ありがとうございます。全てが私のして来た所業の罪の深さと思っています」

「どうだ。自分は政治家として、この八尾の町を、富山県いや、日本の奥座敷にしたいのだ。それには、奥座敷になる為には、八尾ならではの情緒と落ち着きとおわら節に磨きをかけることであろうかなと、思ったりしている」

「先生の願い実現の為に、この年寄りを使ってください」

「奥座敷は、少し言葉が大尽気取りになって、この言葉に嫌みを持つ者もいるから話のはずみとして、平たく言えば、八尾の町を訪ねた人の心の中に民謡のふるさとの情趣が染み入って、一度来れば二度、二度来れば三度、十度来れば二十度、百度来れば二百度と、来る度に心の深まりを持つ心のふるさととしての町になればと思っている。あんたがこれから始める料理屋もそのような料理屋にしなさい」

さらに続けて、金厚が言った。

「八尾の町は東の城ケ山《じょうがやま》と、西の井田川に挟まれた台地で、しかも細長い江戸時代から完全に整備された二本の直線の坂の町だ。これ以上広がるところは一尺だってない。ある人は私に広島の尾道のような坂の町だと言ったので、広島市からの帰り道、尾道を歩いて見た。尾道は林芙美子の文学の町となっているが、坂は坂でも八尾の坂とは違っていた。

八尾の坂は南北二系のまっすぐに延びた町並みのゆるやかなものであり、東は城ケ山への登り石段、西は井田川への下り石段、町を支える城郭のような石垣、その石垣の一角に聳《そび》える聞名寺《もんみょうじ》の杉木立、鎮守八幡社の大けやき、さらに、町の中央の東側には玉生《たもう》の造り酒屋の酒蔵の狭い路地があり、西側には福島《ふくじま》の造り酒屋の酒蔵の狭い路地がある。これら全てをめぐりめぐりて流れる防火用水の「えんなか」の清らかな水とその音、町の上《かみ》の野積川《のづみかわ》や中ほどの井田川《いだがわ》に架かる吊り橋や、町の下《しも》の井田川に架かる西洋風の「眼鏡橋」。まさに町全体の景観が大庭園なのだ。この町の風景と人情と風神《ふうじん》様を祀る「おわら風の盆」の情緒が一体となって、八尾町が長く後世に遺しうる日本の心のふるさとになる」

「先生は何という美しい構想を持っていらっしゃる。自分の過去が恥ずかしい。でも、足を洗って、こうして先生に会えたことはうれしゅうございます」

金厚伴二が心から自分を受け入れてくれた事に、松永は感謝し、この政治家の夢を実現するために微力ながら働こうと心に誓った。

由太郎が鏡町の八尾劇場の近くに料理屋を建てる段になって、鏡町町内会が、そこを根城に再び賭場が開かれるのではないかと危惧をもって、家を建てることを反対しだした。せっかく立ち直ろうとしている由太郎をまたも窮地に追い込んだ。それを聞いた、青年団長の伯は松永と直接会って、自分はあなたの解散という勇気をうれしく思っている一人である。よって、あなたが立ち直る礎のために、料理屋建設を応援するから、自分を使ってくれと名乗り出た。由太郎は涙を浮かべて喜んで、しかし、と言葉をついだ。もう一人応援者が欲しい。それは誰かと聞くと、八尾を日本の奥座敷にしたいといった人だと言った。

「そんなすごい構想を言う人は誰ですか」

「金厚先生です。自分はこの先生の構想を実現するために、後わずかに残された生涯をおわら節に賭ける」

「はい、早速金厚先生に頼んできます」

青年団長の伯は金厚に会って、事の次第を伝え、松永由太郎のために尽くしてもらいたいと頼んだ。金厚は伯をよく知っているが、稀にみる人格者に会った思いであった。その晩、金厚と伯は鏡町町内会長の家を訪ねた。町内会長も共に八尾の町づくりに頑張る一人として、松永由太郎を認めて欲しいという二人の願いを町内会長は受けて、鏡町町内会を開いた。町内会長は、町民すべてが知っている、おわらの町づくりに全身全霊を打ちこんでいる二人の保証人付きであることを強調して、松永由太郎の鏡町での料理屋に同意を求めた。しばらく時間はかかったが、全員の同意を得ることができた。

松永は、諏訪町を空き家にしておくと、後々諏訪町に心配を掛ける事になれば困るとして、諏訪町の家を売った。

諏訪町は松永の家にとって、思いで深い町であった。由太郎の息子・弘が後に子供の頃の思い出の一つとして、「諏訪町に庚申湯《こうしんゆ》という銭湯があり、体が温まる湯として多くの人が入りに来ていた。自分の家も鏡町に移ったが、家から遠い諏訪町の庚申湯まで来ていた。庚申湯へ行く途中に前に住んでいた諏訪町の家があり、自分はその家の前を通るたびに、立ち止まったり見ながら行くと『今は人様の家、そんなに未練がましく見るものではない』と言って母によくしかられた。でも、母は庚申湯への道順をかえることはなかった。母も昭子も自分と同じく、諏訪町の家がなつかしく、忘れられない家であったのではなかろうか」と語っている。

松永は鏡町に建てた料理屋を「松家」と名前をつけた。そして松家の一室を「おわら温習の間」とし、おわら節の唄、三味線、胡弓、太鼓の練習する人の為に無料提供した。更に毎週月曜日は好きな浄瑠璃の稽古場とした。これには二人の師匠を招いた。うなり（語り）の紋教《もんきょう》師匠、三味線の小津賀《こつが》師匠であった。浄瑠璃は三味線はもちろん日本の音曲の基礎ともなるので、城ケ山山頂の小料理屋の森井主人など、町の才能のある者が集まってきた。もちろん金井も中山も一心に習い、いい三味線弾きになっていった。若手では伯育男や城岸徹が来ていた。

伯育男は祖父の伯兵蔵の唄を記録してあるレコードを発見し、正調の唄い手として育っていき、城岸徹は保存会事務局を支えるまでに育っていった。

また由太郎はわが子、昭子を三味線の後継者にするために、小学校五年の昭子の三味線の指導を女房に頼んだ。

昭子が俳誌『俳句往来』に掲載した「三味線と私」の文章の抜粋である。

チン、トン、シャン
　　梅にも春の～色そえ～て～

「だめだめ、だめ。そうでなかろォ。何べん同じことといわせるがけ」

今日も母の厳しい怒鳴り声がまわり中にひびきわたるように聞こえる。かたわらの大火鉢には、お湯がシュシュとたぎり、白い湯気が立ちのぼっているというのに、火にあたらせてもらえず、さっきから弾きつゞけである。

「ハイ、もういっぺん弾いてみられ」

「だめ、だめ、だめ！」

その内に母は私の手をひっぱりつけ、縁側に通じる障子戸を、ガラッと開けると、

「少しここで座っとられ」

といって、冷たい廊下の上に私をおつくわい（正座）させると、さっさと戸を閉めて台所の方へ向かって歩いていってしまった。

降る雪は止むことを忘れたかのように降り続いていた。

……中略
普通、三味線の稽古をしている人の左手の人差し指には、三味線の糸を押さえる為に、糸道といって小さな切れ目が爪に出来、右手の小指の第二関節の内側の横には撥だこという豆が出来る。左手の指が糸を押さえたり、動いたりするたびに、その糸道に血がにじみ、冷たさと痛さの為に、自然に三味線の棹が下がって来る。そうすると、左の肘がだんだん曲がって来て、三味線の胴を押さえている右手の力が浮いてしまうのである。そうなるともう音色なんてあったもんでない。又、母が細い目をカッと見開いて容赦なく鉛を埋め込んだ稽古用の重い撥で、私を打つのである。

…………中略

当時の稽古の厳しさを伝える文章である。そして、まして、浄瑠璃とおわら節の三味線の撥捌きには大きな違いがある。それらを完全に身につけるために、昭子は稽古に堪えなければならなかった。

これは、今日の芸としての美しい音律と都会的センスを兼ね備えたおわら節を支えている人たちの、日頃の厳しい稽古の一面でもある。

18　才女、松永昭子

話は前後するのであるが、ここで、松永由太郎の娘、昭子についてふれておきたい。『三味線と私』の文章を載せた松永昭子は三味線はもちろんおわら節の手踊りも玄人の世界にいた。年頃になって恋愛結婚をし、幸せな生活を送っていたが、三味線も手踊りも忘れ去るような悲しい出来事が襲った。日曜日に夫が息子を連れて神通川《じんづうがわ》に鮎釣りをしての帰り道、交通事故に遭い、一瞬にして二人は帰らぬ人となったのである。

悲しみのうちにも、娘を抱えている昭子にとって、生活の道を探さねばならないのである。途方に暮れた昭子は生活の為に、梵鐘と銅器の町、富山県高岡市で小料理屋を開いた。昭子の亡夫が勤めていた職場の人たちが、昭子が美貌の持ち主であることもあったのであろうが、昭子を勇気付けようと飲む時は昭子の店でとして、絶大な支援をしはじめた。俳句仲間も昭子の店にしばしば飲みに行った。

昭子は才女であった。書も大変すばらしく、献立は経木《きょうぎ》に全て墨書していた。『俳句往来』に入門したときの最初の俳句である。

夏氷海の幸には順序なし
夏の月客の入り来る頃となる

昭子はやがて石川県金沢市の片町に店を出した。この頃『花街の母』という流行歌がはやっていて、昭子を俳句仲間は、いつの間にか花街の母と呼ぶようになった。昭子は「はがき」に俳句を書いて『俳句往来』へ送って来ていた。三味線はもちろん手踊りの師匠格でもあるこのおわら節の申し子のような才女を、運命が何故か八尾町のおわら節から遠い所、遠い所へと連れていってしまうようであった。

『俳句往来』の同人になった昭子は、折にふれて前掲の『三味線と私』の文章のように、自分のこと、父のことを『俳句往来』に書き送って来ていた。また昭子は父について語るとき、

「父はやさしかった」

と、話のとぎれとぎれにこの言葉を挟むことを忘れなかった。

父の苦労をすべて聞いて知っている昭子の語る父親像は、生きるための哀しい努力の連続であった。貧しさから食い扶持を求めての東京相撲入門失敗、植木職人見習のいじめ、製糸工場での親指切断、旅から旅の渡世人、博徒一家解散、そして、父が人生の最後の最後に見つけたふるさと八尾のおわら節への献身は、生涯の誉れであった。昭子にとって哀しい一方で、最も頼もしい男の姿でもあった。

才女昭子は薄幸であった。父由太郎の死後、まもなく若くして、父の後を追うようにして、平成二年一月、四十八歳でこの世を去るのである。

昭子最後の一句である。

芥子菜《からしな》の鼻つきあげる夕餉かな　　昭子

19　八尾町と富山県立八尾高等学校

八尾町に富山県立八尾高等学校がある。富山県は昭和二十三年の新制高等学校発足と同時に、各高等学校への入学区域を定めた。これを小学区制といって、これは学科が違う場合ならばよいが、同一学科の場合は隣の市町の学校を受験することが出来ないということである。よって、八尾町周辺の村の向学心に燃えた生徒たちが、八尾高等学校へ入学してきた。ところがやがてこの学区制が中学区制となり、富山県内を大きく四つに分けて、その範囲内ならばどこの高等学校へ進んでもよいようになった。これは生徒が高等学校を選べるという選択幅の拡大として良いことではあったが、地元の高等学校に魅力がなくなると、各中学校の優秀な生徒は、雪崩れるように富山市の高等学校へ入学していった。その生徒たちは、おわら節の温習会にも出なくなっていった。幼稚園児から年寄りまで老若男女ことごとく参加して守ってきた風の盆のおわら踊りに、隙間ができた。無関係を装う高校生のかたまりが出来たのである。一番大切な思春期のふるさとと離れである。しかも八尾の将来を背負っていくはずの、その生徒たちが、富山市の高等学校からさらに都会の大学を目指して進学し、風の盆の時は、よそ者のようにおわら踊りを見物している始末である。

これは、時代の流れではない。この流れを止めるには八尾高等学校が魅力ある学校にならなくてはならない。おわら節の温習会を指導してきた由太郎にとって、これは単に一おわら節の問題ではなく、町の発展の重大な問題であると思い、八尾高等学校の同窓会の世話もし、おわら人形制作者でもある自分の家の温習会に通っている新進の城岸を連れて金厚伴二の家へ行った。

由太郎が博徒から見事に足を洗って、すでに八年の歳月が経っていた。「松家」の店も繁盛し、一心におわら節に打ち込む由太郎を、町の人たちは師匠と呼び、その芸への真摯な姿は、おわら節の宝となっていた。さらに、由太郎は政治家金厚伴二の知恵袋の一人にまでなっていた。

金厚伴二は、布袋《ほてい》さんのような柔和な顔で迎え入れた。松永はのみ込みの早い金厚に要点のみを話した。松永と金厚の話が続いた。

「先生、高等学校の事をよくわからないで話すので申しわけございませんが、入学の範囲が広くなったことによって、ここ数年いい生徒たちが皆富山市の高等学校へ行ってしまう。これは八尾高等学校に魅力が無くなったことによるものではないでしょうか。東大に入れる優秀な生徒も八尾高等学校には合格させる力が無くなったのではないでしょうか。多くの八尾の生徒たちが富山市の高等学校へ行って、おわら節の温習会にも出て来ない有様となった。八尾高等学校をかつての高等学校にするためには、実力校長を招くしかないように思います」

「すごいところに目をつけてくれました。町の発展のもとに八尾高等学校がある。そうだ、その通りでしょう。新校長に代わってから、町が高等学校に期待するこの熱い思いを新校長を招いて、ざっくばらんに語りましょう。聞いてもらいましょう」

「先生、よろしくお願いします。校長がかわれば学校が変わる。そんな気がします」

「かつての小学区制のころの八尾高等学校のように再興して下さるような、実力校長が来て下されば良いが」

金厚は由太郎のすばらしい思考力に感嘆し、頼もしく思った。金厚は三月初め、富山県下の県立高等学校長の異同の新聞予想を待った。三月の上旬に、各新聞社がまちまちではあるが、高等学校長の異動予想を出した。その中に、富山高等学校の教頭が校長に昇格する可能性が濃厚との記事を見つけた。その名前は滝沢常次郎である。

「この人だ、この人以外に見当たらない」

金厚は一人で興奮して声を上げた。

この朝、由太郎と城岸が新聞を見て、金厚の家に行った。

滝沢の数学の指導力は県下随一で、教育関係者ばかりが知るのではなく、彼の居る高等学校へ入学させたいと願う親がほとんどであった。金厚はその事をもちろん知っていた。この頃すでに、富山県は全国の中で、長野県や香川県などと共に教育県としての名声があったが、こうした滝沢のような指導力のある立派な先生がいたことによるのである。

城岸が言った。

「県の中心から離れている八尾高等学校は、新人校長が赴任して来る率が高く、過去の例が大体そうなっています。それから考えると、滝沢校長ということは十分考えられます」

「そうなれば良いが、兎に角、新校長にはこの学校に寄せる期待を、お伝えしましょう」

由太郎が言った。

「金厚先生、県教育委員会へお願いに行っては」

「いや、高校長人事は、最重要人事だ。もうすでに固まってしまっていることでしょう。

新校長が、着任された時点で、この八尾町の熱い思いをお伝えする方が良い方法でしょう」

県立高等学校長の異動発表の日が来た。新聞には城岸の予想通りに八尾高等学校長滝沢常次郎と書いてあった。願いが県の教育委員会へ通じたのである。由太郎が青首（清酒の一升瓶）一本買って、城岸に持たせて、金厚の家に向かった。金厚が頼もしく新聞を見ているところへ、二人がやってきた。

金厚は酒が一切飲めないし、由太郎もあまり飲まないので、金厚の妻が紅白のかまぼこを切って皿に盛って来てくれたのを肴に城岸一人が持ってきた祝酒を飲んでいた。

滝沢常次郎は地元の期待をまったく知らないまま八尾高等学校長として赴任してきた。

教育に対する熱い思いがある八尾町の人々が富山県立八尾高等学校に寄せる思いは、全国の高等学校にも例の見ないほどのものである。八尾高等学校の前身が八尾町立八尾高等女学校であり、大正十一（一九二二）年の創立当時の名前が八尾町立八尾女子技芸学校であった。この学校の創立にかかわる貴重な話がある。

第一次世界大戦が終わった次の年、大正八（一九一九）年に井登つる子が八尾区域女子教育振興にと壱万壱千円という巨額の金を町に寄付した。この井登つる子の篤志《とくし》を聞いて感動した八尾出身で東京在住の繭山松太郎、橋本甚太郎をはじめ、町の有志が一層の学校の充実にと次から次と篤志を寄せてきた。町はこの篤志を受けて立派な八尾町立八尾女子技芸学校を創立した。この学校の建設費用は全てこうした町民の篤志により、創立当時から完備された立派な女子教育の殿堂として建ったのである。

この町民の教育への厚い思いが、脈々と現代の富山県立八尾高等学校へと脈打って流れ来ているのである。

「この高等学校は、町の発展の象徴だ」と。

金厚も由太郎も城岸も、そして、町の人々の新校長滝沢に寄せる期待は、大き過ぎることはなかった。滝沢は見事な学校づくりをはじめた。滝沢常次郎校長は今までの進路状況、部活動等から八尾高等学校の再興は、中学区制の現状では、地方の高等学校自身が力をつけなければならない。教師は東大へ入る能力の生徒が入学して来れば、東大へ入れる実力がつく授業が出来なければならない。そして、心豊かな生徒を育成出来る能力も同時に兼ね備えていなければならない。それが高等学校の力というものである、と。

滝沢校長は学校の運営方針を立てると、自らが授業をすると言い出した。八尾高等学校再興の並々ならぬ決意である。こうして、滝沢校長は既にいた優秀教諭に加え、さらに情熱を持った優秀な教諭を揃える努力をし続けた。

滝沢校長は先ず自ら八尾中学校、野積中学校と順に各中学校に自分の教育方針や運営方針を説いて回ったばかりか、理数に優れた生徒には校長自身が数学の授業を受け持った。こうして集まった生徒の一人、アメリカに長く滞在していて、数年前に帰国した森野富子（旧姓、吉森）は、恩師滝沢校長をなつかしく振り返って語った。

野積中学校三年生の時、山の学校なので進学希望の生徒が四分の一ぐらいでありました。滝沢校長先生が学校へ来られたということで、進学の話を聞きたいものは音楽室へ行って滝沢校長先生の話を聞きなさいということでありました。山の学校の私たちになじみやすく、滝沢校長先生の話は富山の山の方言丸出しで、しかも優しい語り口で、「あんたらち、うちの学校を受験しられ、何も下宿してまで遠いところへ行って、でかい金遣《つこ》て、長いこと汽車に乗って、何がそんなに実力がつくことといね（八尾弁で「つかない」の意）。余った時間は、クラブ活動で飛び跳ねるこっちゃ、まして、勉強はよその学校に負けん実力をつけるのが、わしの仕事じゃ。先生に実力があれば、知らん間に生徒に実力が付くもんじゃ。うちの学校には本当に立派な先生が揃ってる。本当だちゃ」……わたしたちは、立派な校長先生が山の方言を上手に遣われるので、終始笑いながら楽しく聞いていました。わたしたちが想像していたいかめしいような、威厳に満ちたような高等学校のイメージとは掛け離れていて、なにか楽しく実力が付くような気がしました。

わたしは校長先生自らの数学の授業を受けました。校長先生の授業が始まるのが楽しみでした。応接室を改造したような狭い教室でありましたが、わかりやすい丁寧な授業で、スマートで美しい数学の問題の解き方に引きこまれました。校長先生のお蔭で本当に数学が好きになりました。

と、高等学校時代に戻ったように明るく若々しく語った。

また滝沢校長は、心の教育の第一は、家庭とふるさとを思う心を育てることにあるとして、クラブ活動に八尾の民謡おわら節を取り入れることを考えた。その当時は、民謡をクラブ活動に取り入れるなどということは、全国的に見ても例のないことであった。まず、その初めとして、体育大会のマスゲームに「おわら節」を踊ることを校長自ら提案し、その指導に上新町に住み、おわら節の手踊りを身に付けている平澤民子教諭が当たった。初年度は女子生徒だけのおわら節マスゲームであったが、後に男女全てが踊った。男子生徒でしぶしぶ踊っていた生徒も、卒業の後、職場や移り住んだ所の町での交流の中で、唯一の自信ある特技として、隠し芸として楽しく場をもり立てているのである。また、彼らは風の盆になると多くの知友を引き連れてふるさと八尾へやって来るのである。

松永由太郎の長女昭子は既に三味線はもちろん、手踊りの才能をあらわしており、この初年度のおわら節マスゲーム実施の生徒側のリーダーであった。無二の親友の青井ゆきえ（旧姓井林）の協力もあって見事に成功した。ゆきえはやさしく、成績優秀でしかも輝くような美人であったのでマドンナと愛称され、男の生徒はもちろん若手の男の先生の心をときめかせていた。この才女昭子と美女の二人の活躍が次の年に男子生徒もおわら節のマスゲームに参加するきっかけをつくるのであった。

生徒達にとって滝沢校長は、優しさと計り知れない知識と能力を秘めた父のような、たのもしい存在となっていった。滝沢校長の信念を持った大きな達磨《だるま》のような目は、生徒たちをして「目玉の校長先生」というニックネームを付けさせた。まさに、八尾町期待の目玉でもあった。

期待の目玉はさらにすばらしいことを創造した。富山県は水力発電王国と言われていて、大小百余の河川に発電用人工ダムがある。近くの神通川《じんづうがわ》第二ダムが校長の目に輝いて映った。漕艇（ボート）部を作ろうと考えたのである。漕艇部の設立にあたって、ダム管理者の北陸電力株式会社とダムのある細入村《ほそいり》の折衝に清島英而《きよしまえいじ》教諭が当たった。その頃、富山県内の高等学校はもちろん、大学にも社会人にも漕艇部がなかった。北陸電力株式会社も細入村も危険を理由に許可を渋った。清島教諭は漕艇部の練習計画と安全管理計画についてしたためたものを出して、理解を求める為に日参した。古い言葉を借りれば、百足の草鞋《わらじ》を履き潰す情熱をもって、ついに使用許可をもらったのである。

こうして出来た漕艇部の顧問に、ボートが全くの素人であった坂巻龍雄教諭があたったが、彼の研究熱心と情熱が、やがてインターハイや国体優勝、ＯＢのオリンピック出場へと導き、ボートの強豪八尾高等学校を育てあげた。

やがて、東町《ひがしまち》の玉生《たもう》孝久が衆議院議員となり富山県漕艇協会長の任を引き受け、八尾高等学校を核として他の高等学校、大学、社会人、さらに神通川第二ダムのある楡原《にれはら》中学校にも漕艇部が創設され、まさに日本のボート界のメッカとなった。

校長の情熱と想像力が生徒たちはもちろん、先生や周りの人々の情熱と才能を引き出していったのである。

金厚も由太郎も何も言わなくても、実力を持っている人は、今、八尾町が高等学校に何を期待しているかが分かるのである。

20　富山県立八尾高等学校講師

滝沢校長は、同窓会の世話もしている城岸に、勉強ばかりでは、人間の幅ができない。八尾高等学校に学んでいる生徒は、おわら節の本場の旧町の生徒ばかりではないので、おわら節について講演してくれないかと依頼した。この講演は大変生徒に判り易く、校長はことのほか喜んだ。

講演が終わって、校長室で茶を飲んでいる時、城岸が言った。

「学校の事に口出すことは失礼と思いながらいいますが、もし、学校におわらクラブをお作りになるならば、喜んで無料で勤めるようなすごい人がいますが、いかがでしょうか」

「自分もそんな考えを持っています。実はためらっているのは、クラブ活動の講師枠があって、金銭的工面の事もあって今日まで来ました。それはどなたですか」

「松永由太郎という三味線の師匠です」

「本当に受けてもらえるかどうか、あなたから打診してもらえないだろうか」

話はとんとんと進んだが、これは、城岸が由太郎の了解を得ての話ではなく、以前、金厚の家で三人で祝酒を飲んだ時に金厚が言い出した話であった。

講演からの帰りの足で、城岸は由太郎を訪ねた。事の成り行きを由太郎に話した。

「まあ、金厚先生はああ言っていらっしゃるが、わしは元は博徒だ。ほかの所はいざ知らず、学校はあまりにも清らか過ぎる」

「自分はほとんど引き受けて来た形になっていますので、よろしく頼みます。これも町の発展のためです」

「わしの過去を校長先生は知らんからの」

「しっかりとした芸としてのおわら節の三味線、胡弓、太鼓、そして唄を教えられるのは、松永さん、あなただけです」

「それではこうしよう。校長先生に、おれの過去を全てしゃべってきてくれ。高校教育に向かないとお思いになれば、それでよいのだ」

「わかりました」

城岸は次の日、滝沢校長を訪ねた。

「校長先生、昨日松永さんに会ってきましたが、自分の過去を全て校長先生に話して来てくれ、その上で校長先生が、判断をされればよい。とおっしゃったので、松永さんの過去を話します」

「どうぞ」

城岸は松永由太郎から聞いた話だと前置きして、由太郎の過去について語りだした。

もとは諏訪町で桶屋をしていた。ところが、諏訪町を明治二十三年、三十三年の十年間に二度の大火が襲った。松永の家は貧困のどん底に落ちた。松永由太郎は十六歳の時に、小柄ながら相撲が強く好きだったこともあって、食い扶持を求めて東京相撲に入ろうとしたがうまく行かず、しばらく土方をしていた後、植木職人見習の口があって、そこで順調に働いていたが、兄弟子たちの妬みによるいじめにあって、信州の製糸工場へ働きに行った。ところがそこで左手を歯車にはさみ、親指切断、人差し指の筋が切れ内にくるりと曲がってしまった。中指も筋が切れて曲がっている。人はやくざの世界で指を詰めたのだと、でたらめなことを言っておそれている。それはまったく嘘である。怪我をした彼は、品川で土方ならなんとか出来ると、土方をしたのが博徒に入るきっかけとなった。貧困から立ち上がろうとしながら、運命は彼を押し流していってしまったわけである。その親分が清水次郎長の流れをくむという関東一の大親分であった。松永は親分に認められ神田明神下で一家を構えた。昭和十九年に、太平洋戦争が激しくなり、こちらへ疎開して来た。終戦後、諏訪町で賭場を開帳した。昭和二十五年に若いものが素人と喧嘩をし、それがきっかけで松永一家は解散した。その後、鏡町で松家という料理屋を開店するかたわら、おわら節の正調の音曲と、風の盆の重要性を後世に伝えるために、全く奉仕の精神で力を注いでいる。おわら節を現在の芸術の域にまで高めた功績は偏《ひとえ》に松永の力によるものである。怪我をした手で、見事な三味線を弾く、まさに名人である。なお、校長先生の八尾高等学校で勉強している松永昭子は松永由太郎の娘である。

「凄い話ではないですか。まさにクラブ活動の講師です。予期しない不運なことが襲って来ては、人の一生を変えていってしまう、こんな凄い人間の一生もあることを生徒たちに知ってほしいような気持ちになりました」

「本当ですか。松永さんは本人が歩いて来た凄まじい人生とは対照的に、穏やかで、優しい人です」

「ほうお……」

滝沢校長は、城岸の話で、松永の人格を推量してあり余るほど知った気持ちになった。

さらに力を入れて言った。

「泥沼から這い上がって来た、本当の人格者ですね」

「今のお年は七十歳を越えたところです」

「娘の昭子さんの事は、担任から明るい、いい生徒だと聞いています。これは親が立派であるという証明です。立ち直った大人の姿が教育です」

「よろしくお願いします」

「いやいや、こちらこそよろしくお願いします」

城岸は由太郎に高等学校でおわら節を教えることを発想した金厚も大物ならば、「立ち直った大人の姿が教育だ」と言った滝沢校長も人物である、城岸は熱い心で由太郎の家へ行った。

城岸は由太郎に滝沢校長との話を漏らさず伝えた。由太郎は滝沢校長の立派さ、心の深さに感動し、男が男に惚れ惚れするという熱い思いが胸に迫った。

数日後、滝沢校長は自ら由太郎の家を訪ねて、おわらクラブの創設と、その顧問を引き受けてくれるよう懇願した。

由太郎は感激して

「私の過去を御承知の事と思います。それでもこうして来て下さるとは、もったいない話です」

由太郎は快諾した。

「これで、立派なおわらクラブができます。よろしくお願いします」

由太郎は風の盆おわら節への思いを語った。

「八尾高等学校が立派になる事は、町が未来に向かって発展していくことでもあります。私としては、おわらクラブが出来たことは、おわら節の立派な後継者を育てるという喜びにつながります。それと共に、八尾のおわらの民謡を、もっともっと至芸の域まで高め、万人が風神《ふうじん》の荒ぶる心を鎮めるおわら節の町、二百十日風の盆の町として、心の中に残しゆくものといたしたいと思っています。音曲は子供のころから正しく身につけないと、芸の域まで達することは出来ません。校長先生の温かいご高配にひたすら感謝申し上げるばかりであります。金厚先生に早速報告いたします。金厚先生の描いていらっしゃる学校も、近郷近在の村々も、すべてが一体となった風の盆おわら節の町づくりの、本当の第一歩が始まったことになります。ありがとうございました。なお、私の勝手ですが、私は無料で行います。このことは校長先生守って下さい」

「恐縮です。この後、顧問の先生が打合せに来ますので、よろしくお願い致します」
八尾高等学校に全国で初めての民謡のクラブ活動が取り入れられた。

最初のおわらクラブに十数人が入ってきた。上々の発足である。第一日目、由太郎は三味線を持って、何時ものように着物に角頭巾の茶人風の数寄者《すきしゃ》姿で八尾高等学校へ向かった。西町の裏をながれる井田川に架かる禅寺橋《ぜんでらはし》を、生まれて初めて渡るような気がした。川風が爽やかであった。学校のある上野《うわの》の丘へのなだらかな坂道も、八尾高等学校の誇りへと近づく、誉れ高い道のりのような気持ちで登った。長く人生の裏街道を歩いて来た由太郎にとって、今ようやく真人間として認めてもらったという気持ちで、聖域のような清らかな八尾高等学校の門に入った。

この八尾高等学校のおわらクラブが、後の風の盆おわら節の発展の基礎を築いていくことになるのである。おわらクラブの生徒たちは由太郎に「おじいちゃん」というニックネームを付けて親しんだ。この高校生が付けた「おじいちゃん」というニックネームが八尾のおわら節を守っている城岸徹をはじめとする保存会の人々の由太郎への尊敬を込めたニックネームともなっていった。

滝沢校長は、全てが無料という由太郎に自ら揮毫《きごう》して感謝状を渡した。由太郎はその額を座敷に飾り続けていた。

基礎をしっかり身につけた正しい音曲は、様々なテレビの「八尾風の盆おわら節」の放映によって、人形浄瑠璃をはじめ伝統芸能を支える人々を感動させ、その踊りは、民謡というよりも磨かれた舞踊の域として、多くの舞踊家の称賛を得るようになっていった。さらに、風の盆という旅ごころを誘う言葉、井田川に沿うて出来た川岸段丘の上に、長い二本のさわやかな通りに整然として家並が続き、やや勾配のある坂を防火用水の清らかな水が絶え間無く流れている「えんなか」の水音、井田川沿いに町を支える石垣の風景、これらが三味線や胡弓や、間を置いた太鼓の音に調和し、一般の民謡に見られる素朴さよりも、洗練された芸の中に、静かにしとやかに、芸が分かる分からないに関わらず、誰もが吸いこまれるように、忘れていた遠い心のふるさとを呼び起こしていったのである。由太郎が目指した、心のふるさとの芸の磨きによって生まれる至芸の民謡が確立していった。

由太郎が長い長い人生の廻り道をしている時、ずうっとおわら節の正しい音曲を守り続けた江尻豊治が、昭和三十三（一九五八）年にこの世を去った。松永はおわら節の至宝のような江尻の死への悲しみを、後継者の育成に情熱を傾けることによって乗り越えようとしていた。

松永は富山県立八尾高等学校のおわらクラブの指導、自分の自宅でもある料理屋「松家」の一室での一年中行われる温習会を、八十歳になって病気で倒れるまで続けた。

二百十日の風の盆のおわら踊りを見に全国からやって来る観光客が、九月一日の初日だけで十万人を超えるようになって来た。

21　最後の三味線

　松永由太郎と共に人生を歩いて来た金井清は、松永由太郎を親父と呼んでいる。その親父がおわら節の後継者の育成に命の続くかぎり尽くそうとしているのを、陰に陽に世話をしている。金井はすこぶる健在で、かつての松永由太郎の諏訪町の家のすぐ背戸の山側に、親父を守り続けるかのように、庵を結んで住んでいる。隠栖《いんせい》的に見えるたたずまいではあるが、その体格はがっちりと大きく、言葉づかいは礼儀正しく、かつての海軍の誇りと凛々《りり》しさを未だに残している観がある。金井の息子は成績優秀で、高校時代の時に滝沢校長から直筆の賞状をもらっている。金井は朝夕に息子の賞状を見て、旅の会社で頑張っている息子を激励し、大校長滝沢をしのび、親父由太郎の全くの無報酬の八尾高等学校への協力に感服している毎日である。

　不死身のような松永由太郎も年には勝てず、遂に倒れて入院した。

入院先は近くの富山市内の病院ではなく、八尾町から三十キロも離れた高岡市立高岡市民病院であった。高岡市は富山市の遙か西二十キロの所にあり、商業の町、銅器と梵鐘の町として有名であるが、そんな離れたところに入院したのは、父の苦労をもっとも知っている娘昭子が看病をしたいといって、自分の住んでいる近くの高岡の病院に入院させたのである。

金井清は、時間を見ては高岡の市民病院通いをした。ほぼ半年の入院の後、別れの時が来た。

昭和四十六（一九七一）年七月十三日、病状悪化の報せが届いた。金井は早速高岡市民病院へと急いだ。ところが、病状悪化の報にもかかわらず、由太郎は三味線を持って廊下の長椅子に、座っていた。横に由太郎の妻と息子の弘がいたわるように静かに座っている。医者によると、身を張り裂けるような痛みが全身を襲っている筈であると言っていた。しかし、由太郎の顔のどこにもそれが現われていなかった。それは自然体の姿とでもいうべきであろうか。芸の極致に達した人の姿というべきであろうか、弾くこともできない三味線を持つ手に一分の隙もなかった。医者に病室へ入るよう促されるまで、廊下の長椅子に座っていた。昭子はその姿を見るに耐えず、病室の父のベッドで泣いているばかりであった。

次の日も、由太郎は女房と娘の昭子と息子の弘に、廊下の長椅子で三味線を弾きたいと促した。弘は父を抱くようにして廊下の長椅子に座らせ、昭子は父の三味線をささげるようにして病室から持ってきて、父の手に持たせせた。由太郎は激痛に耐え、一度も痛いという声を上げることも、顔をゆがめることもなく、一分の隙もない姿で三味線を持った。昭子は病室からさらに自分の三味線を持って来て、父の横に座った。弟子が師匠に三味線の指導を受けるかのように、昭子は父の横で静かに唄いながらおわら節一節を弾き始めた。

　　唄われョー　わしゃ囃す
来《きた》る春風　氷が解ける
　キタサノサー
　　ドッコイサノサーサ
うれしや気ままに　オワラ　開く梅
　三味線の　一の糸から　二の糸かけて
三の糸から　オワラ　唄が出る

由太郎の手がかすかに動いていた。由太郎は昭子に合わせて弾いていた。少し体を向き合ったようにして弾いている昭子に、その姿はあまりにも悲しく、いとおしかった。

昭子は涙が出て三味線を弾くのが精一杯であった。金井は昭子をそっと助けるように、自分も涙を流しながらではあったが、小声で一心に昭子に合わせて唄った。昭子に最後まで三味線を弾きつづけるのだぞとばかりに一心に金井は唄った。

由太郎の手は昭子が弾き終わるまでかすかに動き続けていた。

昭子が弾き終わった時、由太郎は愛弟子の見事な成長ぶりをめでるかのように、にっこりと笑った。

これが、由太郎が三味線を弾いた最後となった。

十五日、由太郎は病魔との闘いの苦しみの姿を一切見せず、見事に静かにその生涯を閉じた。それは荘厳さを思わせる見事な最期であった。

松永由太郎の遺体は、八尾の鏡町の「松家」の自宅へと運ばれた。

22　野辺の送りのおわら節

昭和四十六（一九七一）年七月十六日、通夜は自宅で行われた。通夜の準備をしている時、城岸が息子の弘に言った。

「今夜は、おじいちゃんと一緒におわら節で過ごさせて下さい」

「皆さんさえよかったらどうぞ。父は喜ぶでしょう」

こうして、通夜はおわら節でということになった。これはおわら節史上はじめてのことである。

通夜とは思えないほど弔いの人が鏡町の路地にあふれた。野積の青根集落にある浄明寺の住職の読経と説教も終わり、息子の弘の喪主としての挨拶が終わったあと、城岸が立って言った。

「お参りの皆さん……ご多用のところでは……ございましょうが……時間の許すお方は

……おじいちゃんとおわら節で過ごして……下さいませんか」

胸に込み上げて来る悲しみの為に、言葉にならない言葉であったが、参りの者は、もうそのつもりで三味線や胡弓や太鼓を包んで持ってきていた。

旧町内の人は、どんな遠い人でも歩いて往復三十分である。持ってこなかった人は家に取りに戻った。三味線や胡弓や太鼓を抱えたものが、ところ狭しと棺を前に正座して、死者を守るおわら節を奏で始めた。唄い手は棺の中の松永にとどけとばかりに、三途の川から引き返せとばかりに、入れ替わっては精一杯声を張り上げて唄った。「松家」の大広間では、それに合わせて踊りの輪が出来ていた。

囃子方も唄い方も踊り方も、松永よ、甦ってもう一度三味線を弾いて聞かせてくれとばかりに、皆は疲れ果てるまでおわら節を夜通し唄い、囃子、踊り続けた。安置してある棺が松永の自然体の姿のごとく、無言で静止していた。

十七日、かつて由太郎が住んでいた諏訪町の専能寺を借りて葬式が行われた。導師は浄明寺の住職である。松永由太郎に指導を受けた三味線、胡弓、太鼓、それに手踊りの弟子たちが勢揃いした。富山県立八尾高等学校のおわらクラブの男女全生徒も学生服姿で三味線や胡弓や太鼓を抱いて参列した。訃報を聞き知った卒業生も多く参列した。葬式が厳かにして、親族、参列者の嗚咽《おえつ》のうちに終わった。

野辺の送りの準備が始まった。

総勢五十名余を超える三味線と胡弓のみによる、野辺の送りのおわら節が始まった。少し高台にある専能寺から由太郎と共に歩いて来た金井たちが白木の棺を担いで出た。棺は下の車止めにいる霊柩車に運ばれて、霊柩車が静かに斎場へと動きだした。霊柩車はまっすぐに下って、かつて松永由太郎が住んでいた諏訪町の家の前を通り、東町へと曲がって見えなくなるまで、野辺の送りのおわら節は続いた。

富山県立八尾高等学校のおわらクラブの学生服姿での三味線や胡弓は、あまりにもういういしいが為に、一層、野辺の送りを悲しくさせていた。

松永由太郎はおわら節は風神に喜んでもらい、その荒ぶる心を鎮めるための「お笑い節」の言い回しが変わったものであるという由来を強く説いていたが、この三味線と胡弓による野辺の送りのおわら節のなんと悲しいことか、胡弓の音色のなんと悲痛なことか、悲しいが故に、松永は皮肉にもお笑い節と言ったのか、皆は拭くことも出来ない涙をほほに流れるまま三味線を弾き、胡弓を弾き続けた。その悲しい響きは、「えんなか」の清水の流れの音と共に、諏訪町から次の町へと、路地から次の路地へと流れていった。

この越中おわら節の後継者づくりに情熱を傾け、今日の隆盛をもたらした偉大な立役者も、保存会の役職を一度も引き受けることもなく、表舞台に立つこともなかったが故に、松永由太郎の名は『越中おわら年表』のどこを探しても出ては来ない。

しかし、長谷川伸が『一本刀土表入』の駒形茂兵衛のモデルにした股旅の松永由太郎は、長谷川伸を裏切ることなく、最期の最期に風の盆おわら節で、本当の男だてを示してこの世を去った。

●取材協力者（敬称略）

松永昭子、松永弘、金井清、伯育男、城岸徹、宮田紘郎、瀧澤弘、平澤民子、青井ゆきえ、成瀬堅、平沢集落平林甚吉・平林武雄、森野富子、おわら資料館職員、八尾町立図書館職員

●参考文献

『越中おわら年表』作成人城岸徹（富山県民謡おわら保存会）
俳誌『俳句往来』（主宰中井三好）同人松永昭子掲載文、俳句作品
『八尾町史談』編纂人松本駒次郎（八尾史談編纂講演会）昭和二年刊
『国民文学4　長谷川伸　一本刀土表入』長谷川伸著（河出書房）昭和四十四年刊
『長谷川伸全集　第十巻　ある市井の徒』長谷川伸著（朝日新聞社）昭和四十六年刊
『長谷川伸全集　第十巻　新子半代記』長谷川伸著（朝日新聞社）昭和四十六年刊
『八尾町史』八尾町史編纂委員会（八尾町役場）昭和四十二年刊
『八尾町史　続』八尾町史編纂委員会編（八尾町役場）昭和四十八年刊
『日本詩人全集　四』編者吉田精一・木俣修（新潮社）昭和四十二年刊
『日本古典全書　万葉集　五』監修新村出ほか（朝日新聞社）昭和四十二年刊

『加賀藩農政史の研究　上巻』若林喜三郎著（吉川弘文館）昭和四十五年刊
『加賀藩農政史の研究　下巻』若林喜三郎著（吉川弘文館）昭和四十七年刊
『五十年史』五十年史編集委員会（富山県立八尾高等学校）昭和四十八年刊
『七十年のあゆみ』八尾高等学校記念誌編集委員会（富山県立八尾高等学校）平成四年刊
『角川日本地名大辞典十三東京都』編者角川日本地名大辞典編纂委員会（角川書店）昭和五十四年刊
『角川日本地名大辞典十六富山県』編者角川日本地名大辞典編纂委員会（角川書店）昭和五十四年刊
『北日本新聞』資料、昭和二十五年度
『日本の歴史』（近世、現代）著者大内力（中央公論社）昭和五十四年刊
『世界大百科事典』古野清人執筆「風祭」（平凡社）昭和五十六年刊
『梅ケ谷伝』編集者堀田次修（水橋郷土資料館）昭和六十年刊
『越中おわら社会学』北日本新聞社編集局（北日本新聞社）昭和六十三年刊
『風の盆おわら案内記』編者成瀬昌示（言叢社）平成三年刊
『おわら曼荼羅』長瀬一郎著（富山県民謡おわら保存会）平成七年刊
『井波町と不吹堂信仰』編集井波町自然保護指導員の会（井波町教育委員会）平成八年刊
『二十六字詩　どどいつ入門』中道風迅洞著（徳間書店）一九八六年刊

あとがき

「風の盆　おわら」と言えば、何年も前から旅館やホテルの申し込みが多く、大変な人気の民謡と踊りが有名ですが、その成り立ちや、それに祈りをこめて作り上げていった方々がいらっしゃったことなどは、なかなか知られていないことも多いようです。中井三好は晩年、この八尾の「風の盆　おわら」について記録しておきたいという焦燥にも似た思いにかられ、足繁く取材に出かけておりました。

一応、原稿を書き上げてはおりましたが、七十一歳の夏、脳出血で倒れ、八年間の闘病の後、平成二十九年五月十一日、あの世へと旅立ってしまいました。

その後、遺品の整理の中からこの「風の盆おわら一代記」の原稿用紙を見つけました。

そして、たまたま令和五年九月一日の風の盆の日に、ＮＨＫＢＳの中継の番組で二時間半にわたり、おわらの踊りの町流しや三味線の音や哀愁を帯びた胡弓《こきゅう》の音にたっぷりと包まれて、思わず見入ってしまいました。踊りがまた大変美しく、男踊りや女踊りといった種類もあり、しんと静まりかえる位に大勢の見物客の方々が見入っていらっしゃる雰囲気がゾクゾクする位に伝わって参りました。

出て来た原稿用紙は時がたってしまってはおりましたが、今までいろいろお世話になっておりました彩流社の竹内淳夫様にご相談申し上げましたところ、心よくお会いして下さり、この度の私の不躾的な申し出にもかかわらず、この本の出版をしていただくことになりました。大変有難く心より深く感謝申し上げます。有難うございました。

また、取材にあたり夫が大勢の皆様にご協力を賜りましたことをこの場をお借りして、厚くお礼申し上げます。

もしもこの本が多くの方に親しまれている「おわら風の盆」の歴史の一端を知る糧になるとすれば、完成を見ることなく旅だった夫もさぞかし喜んでいることだろうと存じます。

令和五年一二月

中井静子

〔**著者紹介**〕

中井三好（なかい・みよし）

昭和12年　富山県に生まれる。
富山県立高等学校校長を歴任。
俳誌『俳句往来』主宰。
俳人協会会員
句集『はくれん』（近代文芸社）
『夕日と黒パン』（彩流社）
『知里幸恵——十九歳の遺言』（彩流社）
『天の夕顔のかげで——不二樹浩三郎愛の一生』（彩流社）
教育実践記録『不登校生よ、ともに』（彩流社）
俳論　句集　『「や」「かな」「けり」を捨ててこそ』（彩流社）
『漂泊の俳人　井上井月（いのうえせいげつ）記』（彩流社）
『井上井月研究』（彩流社）
平成19年5月11日死去　79歳
瑞寶小綬章を受章（平成19年）

風《かぜ》の盆《ぼん》 おわら一代記《いちだいき》——松永由太郎《まつながよしたろう》 変転《へんてん》の人生《じんせい》

2024年3月25日　初版第1刷発行　　定価は、カバーに表示してあります。

著　者　中　井　三　好

発行者　河　野　和　憲

発行所　株式会社　彩　流　社

〒101-0051　東京都千代田区神田神保町3-10　大行ビル6F
TEL 03-3234-5931 FAX 03-3234-5932
ウェブサイト　https://www.sairyusha.co.jp
E-mail　sairyusha@sairyusha.co.jp

印刷・製本　㈱丸井工文社
装幀　渡　辺　将　史

ISBN 978-4-7791-2962-9 C0023

(電)は電子版有ります

井上井月記

978-4-7791-1284-3 C0095 (07. 07)

漂泊の俳人　　中井三好著

芥川龍之介に蕪村以来の大発見と賞賛されて世に知られ、山頭火が私淑した井上井月のすべて。芭蕉の侘びの世界を求め、一所不住の境遇を自らに課し、漂泊の道すがら立ち寄った南信濃の人びととの心の交流を描く。　四六判上製　1,500円＋税

井上井月研究

978-4-7791-1609-4 C0095 (11. 03)

中井三好著

「井月は全国行脚もせず、俳諧漂泊者気取りだ」というレッテルの嘘を暴き、芭蕉俳諧の本質、寂びの詩境を漂泊に求め、芭蕉が唱えた「かるみ」の風体を掴んで、寂びと幽玄の詩境を得た作品群を見事に読み解き、俳諧史の〝井月忘失の真相〟を探る労作。　A5判上製　5,500円＋税

『天の夕顔』のかげで

978-4-88202-362-3 C0095 (95. 08) (電)

不二樹浩三郎　愛の一生　　中井三好著

戦中・戦後のベストセラー『天の夕顔』のモデル、不二樹浩三郎と作者、中河与一の確執——。資産家の子として何不自由ない生活に入り込んだ愛と葛藤の世界とは。自らの半生を語って戦地に赴いた不二樹の心情と足跡を辿る異色の評伝。　四六判上製　1,845円＋税

知里幸恵

978-4-88202-196-4 C0095 (91 05) (電)

十九歳の遺言　　中井三好著

アイヌの魂が詠い込まれた叙事詩ユーカラの筆録を『アイヌ神謡集』に結実させた幸恵。偏見の中で女学校入学を拒否され、金田一京助との出会いによる不滅の遺産と引き換えに夭折した、知里真志保の姉の生涯を自筆の日記と手紙で再現。　四六判上製　1,650円＋税

「や」「かな」「けり」捨ててこそ

978-4-88202-912-0 C0095 (04. 08)

口語体俳句論・句集　　中井三好著

日常生活から消えた文語体に固執する俳句に異論！　ふだん着のことばでお稽古事的な俳句から、時代に合った文学としての俳句を問う。改革に尽くした子規や先人の足跡を追いながら、口語体俳句論を展開、同時に口語体句集の成果を収録。　四六判上製　1,800円＋税

山に生きる　福島・阿武隈

978-4-7791-2892-9 C0036 (23.05) (電)

シイタケと原木と芽吹きと　　鈴木久美子 著／本橋成一 写真

シイタケ原木生産で質、量ともに日本の代表的な産地だった福島県田村市都路町は、原発事故の放射能汚染により原木の生産もシイタケの栽培もできなくなった。里山での生業が奪われた人々はそれでも山に生きることをあきらめていなかった。　四六判並製　2,200円＋税